新能源汽车专业技能型紧缺人才培养规划教材

Xinnengyuan Qiche Chongdian Sheshi Anzhuang yu Weihu
新能源汽车充电设施安装与维护

冯月崧　谭光尧　主编

人民交通出版社股份有限公司
China Communications Press Co.,Ltd.

内 容 提 要

本书为新能源汽车专业技能型紧缺人才培养规划教材之一。全书共 4 个单元,主要内容包括:新能源汽车充电设施构成与功能、交流充电桩的安装准备、交流充电桩的安装施工及验收、充电桩的维护。

本书可作为职业院校新能源汽车专业(方向)的教学用书,也可作为新能源汽车服务企业技术人员的培训用书。

图书在版编目(CIP)数据

新能源汽车充电设施安装与维护／冯月崧,谭光尧主编. —北京:人民交通出版社股份有限公司,2018.8
 ISBN 978-7-114-14684-8

Ⅰ.①新… Ⅱ.①冯…②谭… Ⅲ.①电动汽车—充电—服务设施—设备安装②电动汽车—充电—服务设施—维修 Ⅳ.①U469.72②TM910.6

中国版本图书馆 CIP 数据核字(2018)第 091191 号

书　　名:	新能源汽车充电设施安装与维护
著　作　者:	冯月崧　谭光尧
责任编辑:	翁志新
责任校对:	张　贺
责任印制:	张　凯
出版发行:	人民交通出版社股份有限公司
地　　址:	(100011)北京市朝阳区安定门外外馆斜街 3 号
网　　址:	http://www.ccpcl.com.cn
销售电话:	(010)59757973
总 经 销:	人民交通出版社股份有限公司发行部
经　　销:	各地新华书店
印　　刷:	北京市密东印刷有限公司
开　　本:	787×1092　1/16
印　　张:	7.25
字　　数:	120 千
版　　次:	2018 年 8 月　第 1 版
印　　次:	2023 年 7 月　第 3 次印刷
书　　号:	ISBN 978-7-114-14684-8
定　　价:	19.00 元

(有印刷、装订质量问题的图书由本公司负责调换)

新能源汽车专业技能型紧缺人才培养规划教材编委会

主　任

　　叶军峰(广州市轻工技师学院)
　　蔡昶文(广州市交通技师学院)

副主任

　　万艳红(广东省轻工职业技术学校)
　　王长建(广州市白云工商技师学院)
　　毛　平(广州市轻工技师学院)
　　尹向阳(广州市机电技师学院)
　　王尚军(广州市交通技师学院)
　　刘小平(广州欧伟德教学设备有限公司)
　　刘炽平(广州市工贸技师学院)
　　严艳玲(广东省轻工业技师学院)
　　杨子坤(广州市公用事业技师学院)
　　周其江(肇庆市技师学院)
　　胡军钢(广州市技师学院)

委　员

　　冯月崧、廖毅鸣、陈伟儒(广州市轻工技师学院)
　　罗　英、黄辉镀(广州市技师学院)
　　陆海明(广州市机电技师学院)
　　颜　允、何越瀚(广州市公用事业技师学院)
　　谢金红、陈林锋、钟贵麟、蒙承超(广东省轻工业技师学院)
　　刘付金文(广东省轻工业职业学校)
　　黄健龙(肇庆市技师学院)
　　龙纪文(广州欧伟德教学设备有限公司)

秘　书

　　翁志新(人民交通出版社股份有限公司)

随着我国《节能与新能源汽车产业发展规划(2012—2020年)》的发布实施,政府各项扶持政策的出台,新能源汽车推广应用的步伐逐渐加快,企业也加大了对新能源汽车的投入,各大汽车厂商纷纷推出新能源车型。未来几年是新能源汽车的快速增长期,社会对掌握新能源汽车技术的技能型人才需求将不断增加。当前,新能源汽车专业技能型人才是名副其实的"紧缺"人才,而且缺口很大。职业院校作为技能型人才培养的主体,为行业培养和输送急需的技能人才,责无旁贷。

近年来,不少开设汽车类专业的职业院校新增了新能源汽车运用与维修专业(方向),但适合教学的专业教材少之又少。2017年,广东省的十几所高级技工学校(技师学院)、中职学校在经过了大量调研和多次研讨之后,决定联合人民交通出版社股份有限公司及相关企业,成立新能源汽车专业技能型紧缺人才培养规划教材编委会,编写出版"新能源汽车专业技能型紧缺人才培养规划教材"。同年9月,在广州市轻工技师学院召开了教材编写启动会,确定了整套教材的课程体系、名称、编写大纲及编写分工。

本套教材,紧紧围绕新能源汽车的核心技术——"三大电"(电池、电机、电控)和"三小电"(电控空调、电控转向、电控制动),重视基础、强化实践,并注重培养学生的安全观念、职业素养和学习能力,力争使学生成为具有可持续发展能力的高素质技能型人才。

本书是本套教材中的一本,本书的编写分工如下:谭光尧编写了单元一;冯月崧编写了单元二;陈伟儒、周其江编写了单元三;龚宏义、梁凤卿编写了单元四。全书由冯月崧、谭光尧统稿并担任主编。

限于编者水平,书中难免有错误和疏漏,恳请广大读者提出宝贵意见,以便进一步修改完善。

新能源汽车专业技能型紧缺人才培养规划教材编委会
2018年3月

目 录

单元一 新能源汽车充电设施构成与功能 ·················· 1
    一、概述 ·················· 1
    二、低压配电系统接地制式 ·················· 6
    三、充电模式及连接方式 ·················· 10
    四、交流充电桩安装流程介绍 ·················· 13
    单元小结 ·················· 14
    思考与练习 ·················· 14

单元二 交流充电桩的安装准备 ·················· 15
    一、配电柜电气元件选配 ·················· 15
    二、充电桩电路布线 ·················· 26
    三、充电设备安装技术要求 ·················· 39
    单元小结 ·················· 47
    思考与练习 ·················· 47

单元三 交流充电桩的安装施工及验收 ·················· 50
    一、安装环境及警示标志 ·················· 50
    二、安全施工技术要求 ·················· 54
    三、施工验收 ·················· 57
    四、安装实例 ·················· 58
    单元小结 ·················· 71
    技能训练 ·················· 71

单元四 充电桩的维护 ·················· 76
    一、充电桩日常巡检 ·················· 76
    二、充电桩日常维护 ·················· 80
    单元小结 ·················· 87
    技能训练 ·················· 88

思考与练习	91
附录1 新能源汽车交流充电桩快速安装流程	94
附录2 充电桩巡检记录表	106
附录3 充电桩日常维护检查表	108
参考文献	110

单元一　新能源汽车充电设施构成与功能

 学习目标

1. 能正确叙述汽车充电桩的作用及其分类；
2. 能正确分辨出 TN、TT、IT 系统接地制式，并能正确叙述各系统的优缺点；
3. 能根据实物正确分辨出充电桩的充电模式和连接方式。

 学习资源

类　别	序　号	名　　称	数量和备注
学材、教材	1	笔记本电脑	4人一组，每组一份
	2	质量检查表	
实训设备	3	直流快速充电桩	一个
	4	挂墙式交流充电桩	4人一组，每组一份
	5	随车家用充电桩	
	6	充电电缆	
学习用品	7	牛皮纸、彩色大头笔	4人一组，每组一套
学习环境	8	分组教学场地	

 建议课时

10 课时。

一、概述

(一) 充电桩的作用与分类

充电桩，其功能类似于加油站里面的加油机，可以固定在地面或墙壁上，安装于公共建筑(公共楼宇、公共停车场等)和居民小区停车场或充电站内,可以根据不同的电压等级为各种型号的电动汽车充电。充电桩有如下几种分类方式:

1. 按安装方式分类

可分为落地式充电桩、壁挂式充电桩。落地式充电桩适合安装在不靠近墙体的停车位,如图1-1所示。壁挂式充电桩适合安装在靠近墙体的停车位,如图1-2所示。

图1-1 落地式充电桩

图1-2 壁挂式充电桩

2. 按安装地点分类

可分为公共充电桩和专用充电桩。公共充电桩是建设在公共停车场(库),结合停车泊位,为社会车辆提供公共充电服务的充电桩;专用充电桩是建设在单位(企业)自有停车场(库),为单位(企业)内部人员使用的充电桩,以及建设在个人自有车位(库),为私人用户提供充电的充电桩,充电桩通常结合停车场(库)的停车位建设。

3. 按充电接口数分类

可分为一桩一充充电桩(图1-3)和一桩多充充电桩(图1-4)。

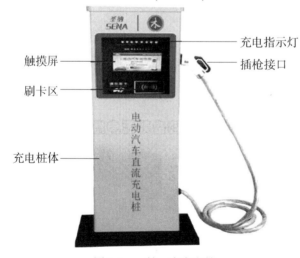
图1-3 一桩一充充电桩

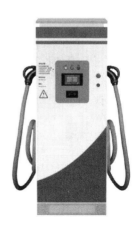
图1-4 一桩多充充电桩

单元一　新能源汽车充电设施构成与功能

4. 按充电方式分类

充电桩可分为直流充电桩、交流充电桩和交直流一体充电桩。

5. 按充电速度分类

有常规充电（慢充）和快速充电（快充）两种充电方式，如图1-5、图1-6所示。根据不同的车辆电池、环境温度等，充电时间各不相同。慢充一般在5～10h充满，快充可以在20～30min充满80%，1h完全充满。

图1-5　慢充

图1-6　快充

（二）充电桩的国内外发展现状

目前我国正处于充电站基础设施建设的高峰期，政府和企业关注于充电站专业服务是直充还是换电池的选择中，国内充电站的综合服务尚未开发。

1. 充电站成功运营案例

北京奥运充电站和上海世博充电站是国内目前两个最大、最成熟的电动汽车充电站，这两个充电站都是为城市电动公交客车提供电池快速更换服务，都不属于正式商业运营，只是政府组织下的运行试点。两个充电站的共同点就是都是由当地公交集团主导运行，充电站由国家重大专项资金和地方出资建设，电动客车归属公交集团运行。北京奥运充电站使用的动力蓄电池从电池厂家租赁，按照使用的电量每月付给电池厂家租赁费用（约1度电4元人民币），而上海世博充电站则直接从电池厂家购买电池，同时电池厂家负责初期电池的维护，并完成相关技术人员的培训工作，之后电池的所有权归充电站。

2. 国内发展情况

目前，国家电网正加快与各地方政府合作，以加快充电站的建设进度。根据2015年年初国家电网公司工作会议上总经理刘振亚提出的规划，2015年国家电网在27个省市（区）建设公用充电站75座、交流充电桩6209台以及部分电池更换站。目前已宣布的项目包括：国家电网陕西省电力公司与西安合作建立5座中型电动汽车充电站;成都市电力公司与地方政府合作建设3座电动汽车充电站和300个充电桩;湖北省电力公司与宜昌市合作年内建设1座大型充电站,16个充电桩。中海油与中国普天合资成立了普天海油新能源动力有限公司,专门运营电动汽车能源供给网络。中石化旗下北京石油分公司已与北京首科集团公司共同出资成立了北京中石化首科新能源科技有限公司,将主要利用中石化现有面积较大的加油、加气站改建成加油充电综合服务站。中石化将以北京作为进入充电站行业的突破口,其加油充电综合服务站最终将扩展到全市范围,进而扩展到河北、天津甚至更大范围。中石油也与地方政府部门联合,提出建设电动汽车充电站的构想。

3. 国外发展情况

(1)美国。

近些年美国积极推动国内充电桩的建设和发展,充电桩数量发展数据见图1-7,预计2018年达到7.2万个。

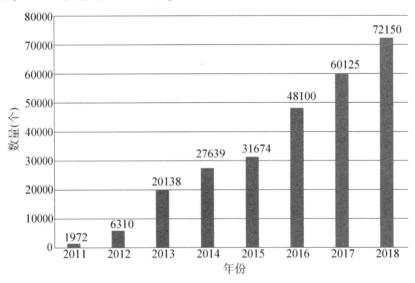

图1-7 美国充电桩数量发展数据

(2)英国。

2016年底,英国建设充电桩约为2.1万个。随着电动汽车的销量和保有量的快速提升,公共充电设施也随之快速增长,预计2018年英国充电桩达到3.4万个。英国充电桩数量发展数据见图1-8。

(3)韩国。

近年来,韩国积极推动电动汽车的发展,充电桩的建设也日益增多。2013年,韩国共建成3000个充电桩,到2016年,韩国电动汽车充电桩个数约为1.5万个。

2020年,韩国充电桩建设预计超过3万个。韩国充电桩数量发展数据见图1-9。

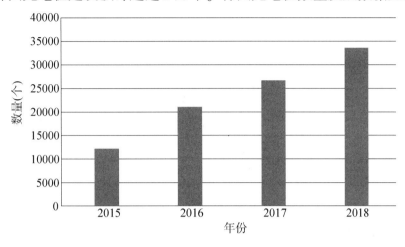

图1-8　英国充电桩数量发展数据

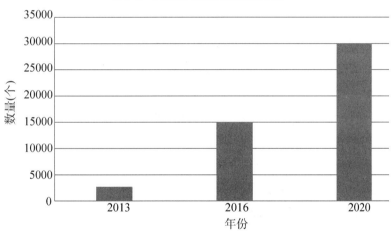

图1-9　韩国充电桩数量发展数据

4. 发展壁垒

目前国内充电桩行业所面临的壁垒：

(1)充电电流范围10～100 A,对充电桩大功率充电模块要求较高。

(2)新能源汽车采用的锂离子电池对过充过放要求严格,充电装置需要配备高精度监控系统。

(3)目前国家电网、南方电网两大电网公司主导充电站市场的格局基本形成,新进入者将面临较高壁垒。

5. 国内充电桩产业市场投资前景

(1)新能源汽车的发展。

新能源汽车,特别是电动汽车一直被看作是下一代汽车的发展趋势。作为新能源汽车的"加油站",充电桩建设的全面开展,无疑会为新能源汽车的发展产生巨大的推动作用。在北上广三大城市,由于交通拥堵,纷纷通过车牌进行购车限制。不过政府层面支持新能源汽车,因此北上广等大城市都有相关政策,进入其相关目录的新能源汽车比较容易获得车牌,这一点从政策方面刺激了新能源汽车的需求。同时,国内成品油价格上涨速度高于下降速度,最终车主承受的是越来越高的油价,新能源汽车可以代替部分汽油、柴油的消耗,降低了这部分成本。

(2)政府大力度的扶持和推进,刺激了众多企业对于充电桩产业的期待。

目前,除了国家电网、南方电网、中石化等能源巨头外,汽车企业和电气生产企业积极性都很高。像比亚迪、北汽等新能源汽车企业早已开始建设通用充电桩,像许继电气、西门子等行业内企业也已开始开发或投资充电站的建设。按照相关测算,2017~2022年充电站的营业规模每年有望超过千亿。

(3)要取得较为可观的收益尚需时日。

如今,除了北京、天津、上海、杭州等地相继出台充电设施建设规划之外,不少地方政府还提出新建小区配套充电桩的新思路,这不仅可缓解电动汽车使用者的"里程焦虑"问题,更将大幅、直接拉动充电桩生产企业的销量。充电桩作为新能源汽车产业链的重要下游支柱行业,其市场化前景似乎相当乐观。尽管行业前景看好,但目前电动汽车市场的发展并未完全成熟。标准、规划和土地三大问题拦在充电桩建设发展的路前,成体系的充电桩建设并非一帆风顺。

6. 充电桩行业的运营策略

(1)与大型房地产企业、商业连锁机构、路边停车管理单位、其他车位管理单位签署合作建站及运营管理协议(投资方负责投放充电站与管理,机构负责提供场地与保障安全,充电与增值利益双方共同分享)。

(2)与政府各有关部门开展联营或申请资助(变相政策支持)。

(3)与大型实力企业(国家电网中石油、中石化等)的地方分支机构联营。

二、低压配电系统接地制式

低压配电系统的接地制式按配电系统和电气设备不同的接地组合来分类,按国际电工委员会(IEC)规定,低压配电系统的接地制式的表示法一般由两个字母组成,必要时可加后续字母。

低压配电系统的接地制式分为TT、IT、TN三种。在TN系统中,按中性线(N线)与保护线(PE线)的组合方式不同又分为TN-C、TN-S和TN-C-S三种。

所使用的配线系统代码的含义如下：

第一个字母表示配线系统与地的关系。

T——一极直接连接到地；

I——系统与地隔离或某一点通过阻抗连接到地。

第二个字母表示电气设备的外露导电部分与地的关系。

T——设备的外露导电部分直接接地,与电源的接地无关；

N——设备的外露导电部分连接到配电系统的接地点或与该点引出的导线相连接后续字母(如果有),中线(N线)和保护线(PE线)的关系；

S——中性线和保护线分开；

C——中性线和保护线合并为PEN线；

C-S——在电源侧为PEN线,从某点分开为N线和PE线。

1. TN系统

在TN系统中,所有电气设备的外露导电部分接到保护线上,与配电系统的接地点连接,这个接地点通常是配电系统的中性点。

TN配电系统有三种类型：

(1)TN-C系统如图1-10所示。在整个系统中,保护线和中性线合并为PEN线。

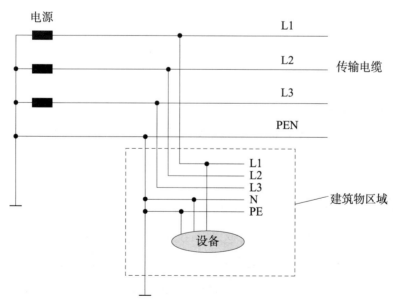

图1-10 TN-C配电系统

TN-C系统中,由于保护线和中心线合并为PEN线,具有简单、经济的优点。当发生短路故障时,故障电流大,可采用一般过电流保护器切断电源,但对于单相负荷或三相不平衡负荷以及有谐波电流的负荷,PEN线流经电流,极有可能使设备机壳高于50V,对人身造成事故隐患,而且还无法取得稳定的基准电位,现在很少采用。电动汽车充电接口的配电不允许采用TN-C系统。

(2) TN-S系统,如图1-11所示。在整个系统中,保护线和中性线是分开的。

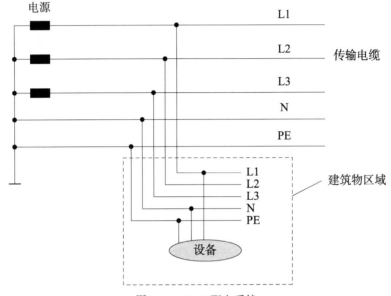

图1-11 TN-S配电系统

TN-S系统为三相五线制中性点直接接地,整个系统的中性线和保护线是分开的系统,此系统安全,可靠性高,但增加了成本。工作正常时PE线不通过电流,与PE线相连的电气设备外壳在正常运行时不带电,所以适用于数据处理和精密仪器设备的供电,也可用于有爆炸危险的场所。

(3) TN-C-S系统如图1-12所示。在系统中某一点以后PEN线分为中性线和保护线,分开以后,N线对地绝缘,PEN线自分开后,N线和PE线不能再合并,否则丧失TN-S的特点(由PEN导线分出PE线和N线的点可在建筑物入口处或建筑物内的配电板上)。

TN-C-S是一个广泛采用的配电系统,在民用建筑中,电源线路采用TN-C系统,进入建筑物内改为TN-S系统,这种系统的线路结构简单又能保证一定的安全水平。需要注意的是绝对不允许将TN-C-S或TN-S转换为TN-C。

根据《住宅建筑设计规范》(GB 50096—2011)中8.7.2款的要求,住宅供电系统设计应采用TT、TN-C-S或TN-S接地方式。如果供电电源系统是TN系统,那么最终给电动汽车供电的接入点的电气回路必须是TN-S系统。

TN系统的防触电措施可以选用过电流防护电器,剩余电流保护器(RCD),

必要时还需要考虑辅助等电位的连接。

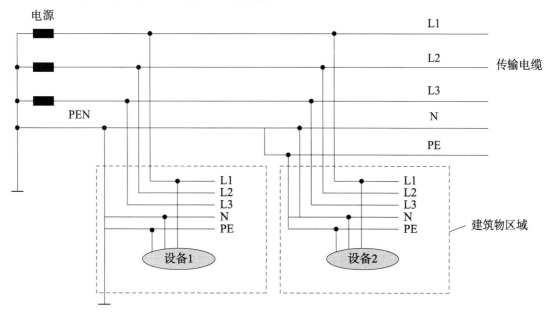

图 1-12 TN-C-S 配电系统

2. TT 系统

TT 配电系统如图 1-13 所示。为三相四线制，系统中必须有一个直接接地点，一般是变压器或发电机的中性点，电气设备的外露导电部分在用户的建筑物中连接到接地电极上，该接地电极和配电系统的接地电极无电气连接。它的中性线在电源侧接地后引出，并只做工作零线。

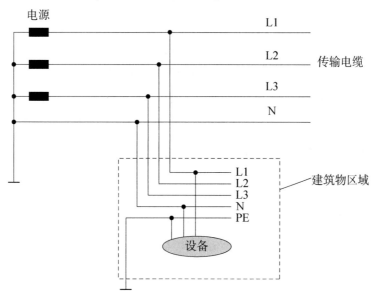

图 1-13 三相加中性线的 TT 配电系统

主要适用由供电部门以低压配电系统供电的和远离变电所的建筑物,对电压干扰要求高的精密电子和数据处理设备,对防火防爆有要求的场所。

TT系统的防触电措施主要采用剩余电流保护器(RCD)。

3. IT系统

IT配电系统与地隔离或通过阻抗(约1000Ω)接地,电气设备的外露导电部分可以在用户建筑物中与接地电极连接,如图1-14所示。这种系统当出现第一次故障时,故障电流受限制,电气设备的金属外壳上不会产生危险性的接触电压。因此可以不切断电源,此时需要报警设备报警,通过检查线路来排除故障,可减少或消除电气设备的停电时间。

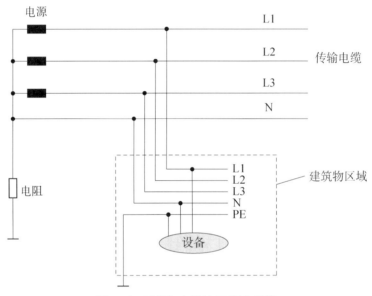

图1-14 三相加中线的IT配电系统

主要适用于一般不准停电的场所,以及环境不良、易发生单相接地或火灾爆炸的场所,如煤矿、化工厂、纺织厂等。近几年逐步应用于重要建筑内的应急电源、医院手术室等重要场所的动力和照明系统。

IT系统防触电措施主要采用绝缘监测仪(IMD)、剩余电流监测仪(RCM)、过电流防护电器及剩余电流保护器(RCD)等。

三、充电模式及连接方式

1. 充电模式

充电模式1:电动汽车与电网的连接是通过一个标准插头(电流不超过16A,单相电压不大于250V,三相电压不大于480V),连接线仅有相线和接地保护线,如图 1-15 所示。

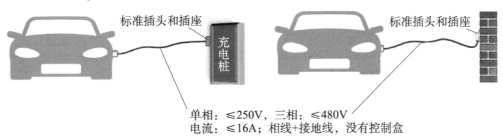

图 1-15　充电模式 1 示意图

充电模式 2：电动汽车与电网的连接是通过一个标准插头（电流不超过 32A，单相电压不大于 250V，三相电压不大于 480V），连接线包括相线、接地保护线和控制线。连线当中有一个控制盒，具备漏电保护和信号传输功能（控制盒位于插头或充电桩 0.3m 以内或置于插头中），如图 1-16 所示。

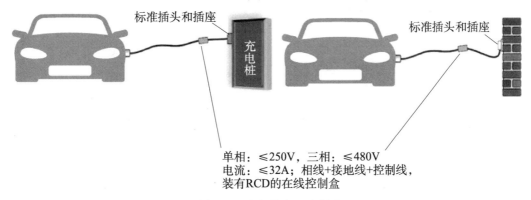

图 1-16　充电模式 2 示意图

充电模式 3：电动汽车与电网的连接是通过一个特殊充电设备，具备漏电保护和信号传输功能，充电设备一端与电网固定，如图 1-17 所示。

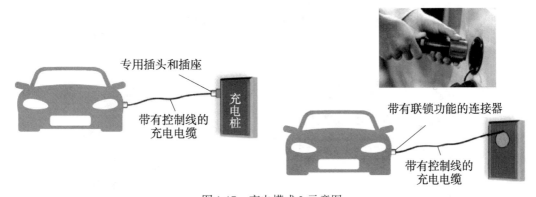

图 1-17　充电模式 3 示意图

充电模式 4：电动汽车与电网的连接是通过一个非车载充电设备，与信号传输功能一起与电网固定，如图 1-18 所示。

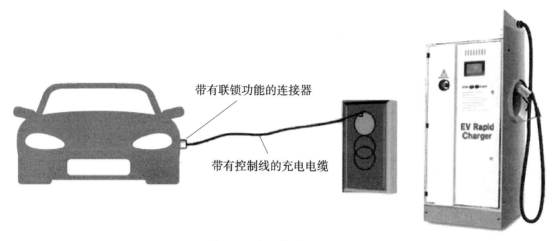

图1-18 充电模式4示意图

2.连接方式

连接方式如图1-19所示,分别为连接方式A、连接方式B和连接方式C。

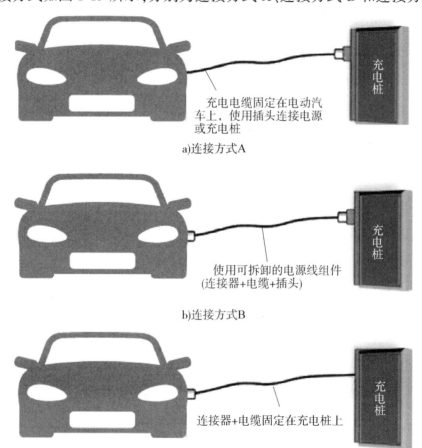

a)连接方式A

b)连接方式B

c)连接方式C

图1-19 连接方式示意图

连接方式 A:充电电缆固定在电动汽车上,使用插头与电源连接。

连接方式 B:使用可携带的电源线组件(连接器 + 充电电缆 + 插头),或插入一般插座(B1),或插入充电设备(B2)。

连接方式 C:充电电缆一端固定于充电设备,另一端使用连接器与电动汽车连接。(充电模式 4 只允许使用方式 C 连接)

四、交流充电桩安装流程介绍

充电桩的安装大致可分为三个阶段:准备、施工和验收,如图 1-20 所示。

图 1-20 充电桩安装流程图

1. 准备阶段

准备工作是保证安装工程顺利进行,安全完成的重要前提,不仅体现在施工前,而且贯穿于整个施工的全过程。准备工作通常包括现场勘察,制订方案和准备材料。

(1)现场勘察。现场勘察是指施工单位、用户、物业和电力部门一起参与现场考察用户的安装以及供电条件,对施工相关的具体问题提出意见,如充电桩的安装位置、配电设备安装位置、取电位置、电气布线的方法、走线等,并取得一致的意见。

(2)制订方案。施工单位和用户根据现场勘察后的结果,制订安装方案,并应征得有关管理部门的同意。方案应包括电气原理图、位置图(如需要)、布线方式的描述、零部件清单等。

(3)准备材料。根据方案中提供的材料清单进行备料,准备现场施工的工具、测量仪器,同时预先解决好施工现场的电源。

2. 施工阶段

当施工方案达成一致,并经有关部门批准后,即可进入安装工程的施工阶段。施工阶段包含现场的来料检验和确认、内外电气布线及固定(电气线路的敷设)、低压保护装置的安装(配电柜内部)和配电柜及充电桩的安装。

3. 验收阶段

安装施工完成后,应安排技术人员进行验收。

单元小结

(1) 介绍了充电桩的作用与分类。
(2) 介绍了 TN、TT 和 IT 三种低压配电系统接地制式，并叙述了各系统的优缺点。
(3) 介绍了现时常见充电桩的 4 种充电模式和 3 种连接方式。
(4) 介绍了交流充电桩的基本安装流程。

思考与练习

(一) 简答题

(1) 充电桩的作用是什么？实训室中的充电桩属于哪一类？

(2) 简述纯电动汽车的充电操作流程。

(二) 作图题

画出 TN-C-S 接地制式的电路图，并解释电路图的原理。

(三) 论述题

根据我国充电桩的发展现状，谈谈你的生活区域布置充电桩遇到的问题及解决方法。

单元二　交流充电桩的安装准备

 学习目标

1. 能根据实际安装环境，正确选用交流充电桩的电气零部件；
2. 能按照要求及现场环境，完成交流充电桩的电气布线方案；
3. 能根据装配要求，完成交流充电桩的安装方案。

 学习资源

类　别	序　号	名　　称	数量和备注
学材、教材	1	充电桩安装现场勘察及方案表	4人一组，每组一份
	2	备料清单及施工记录表	
	3	质量检查表	
实训设备	4	充电桩安装工具	4人一组，每组一套
	5	充电桩安装电气零部件	4人一组，每组一个
	6	挂墙式交流充电桩	
	7	配电柜	
学习用品	8	牛皮纸、彩色大头笔	4人一组，每组一套
学习环境	9	分组教学场地	

 建议课时

20课时。

一、配电柜电气元件选配

（一）小型断路器的参数及功能介绍

1. 小型断路器概述

小型断路器，又称断路器，在配电系统中可以起到过载保护、短路保护的作

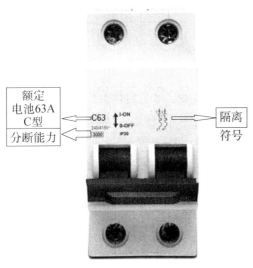

图 2-1 断路器

用,在 TN 系统中还可以起到接地故障保护,另外具有隔离功能的断路器还可以起到隔离主开关的作用,如图 2-1 所示。

一般充电桩使用的小型断路器,其具体功能与参数的关系描述如下:

(1)额定电流 I_n:实现正常接通分断功能的设计电流。

(2)过载条件下延时断开功能:电流负荷 $1.13I_n$ 条件下,断路器 1h 内不会动作;电流负荷 $1.45I_n$ 条件下,断路器 1h 内动作。具体脱扣电流(脱扣电流)与脱扣时间(断路器动作时间)的关系见表 2-1。

脱扣电流和脱扣时间　　　　　　　表 2-1

脱扣类型	脱扣电流	脱扣时间(s)
B	$3I_n$	0.1~90
B	$5I_n$	<0.1
C	$5I_n$	0.1~90
C	$10I_n$	<0.1
D	$10I_n$	0.1~90
D	$20I_n$	<0.1

(3)短路保护功能:正常工作条件下,当负载发生短路时,断路器瞬间分断以保护回路。需要注意的是负载的短路电流不能超过断路器的额定短路电流。

负载已经有短路存在条件下,接通断路器,断路器无法闭合或瞬间分断以保护回路。

(4)隔离功能:断路器在断开时有足够的电气间隙保证上下电路达到绝缘的要求。

2.适用于充电桩的小型断路器参数选择

正确地选择适合电动汽车充电桩的小型断路器是保证在各种危险发生时,有效避免或降低损失的关键因素之一。参数选择见表 2-2。

小型断路器参数说明一览表 表2-2

通用参数		备 注
U_n	额定电压	≥充电桩的额定电压
I_n	额定电流	≥充电桩的额定电流
I_{cn}	额定短路电流	断路器可承受并能分断的电流
B 型	B 型瞬动脱扣特性	脱扣范围：$3 \sim 5I_n$
C 型	C 型瞬动脱扣特性	脱扣范围：$5 \sim 10I_n$
D 型	D 型瞬动脱扣特性	脱扣范围：$10 \sim 20I_n$

一般情况下，推荐使用 C 型瞬动脱扣特性的断路器，除非充电桩制造厂家另有规定。

(二) 漏电断路器的参数及功能介绍

1. 漏电断路器概述

漏电断路器是电路中漏电电流超过预定值时能自动断开电源的开关，如图 2-2 所示。

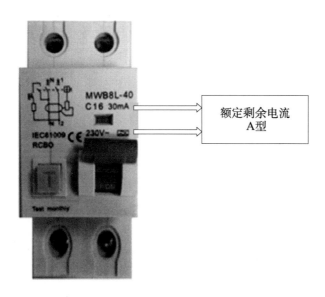

图 2-2 漏电断路器

漏电断路器分为电磁型和电子型。适配于充电桩的漏电断路器推荐电磁型。

具有过载保护功能的漏电断路器即在断路器的功能基础上增加漏电保护的功能。漏电断路器具体功能与参数的关系如下：

(1)额定电流 I_n：实现正常接通分断功能的设计电流。

(2)过载条件下延时断开：电流负荷 $1.13I_n$ 条件下，断路器 1h 内不动作；电流负荷 $1.45I_n$ 条件下，断路器 1h 内动作。

(3)瞬动脱扣功能：脱扣时间见表 2-3。

漏电保护器脱扣时间　　　　表 2-3

类 型	I_n(A)	漏电动作电流 $I_{\Delta n}$(A)	脱扣时间(s)		
			$I_{\Delta n}$	$2I_{\Delta n}$	$5I_{\Delta n}$
A、B、F、AC	任何值	<0.03	0.3	0.15	0.04
		0.03	0.3	0.15	0.04

(4)短路保护功能：正常工作条件下，当负载发生短路时，断路器瞬间分断以保护回路；负载已经有短路存在条件下，接通断路器，断路器无法闭合或瞬间分断以保护回路。

(5)隔离功能：断路器在断开时有足够的电气间隙保证回路安全断开。

(6)漏电保护功能：当线路中发生漏电情况下，产品能够瞬时断开。

2. 漏电电流保护适用于充电桩的类型和参数

根据漏电电流保护类型分为 A 型、B 型、F 型、AC 型。具体选用参考表 2-4、表 2-5。

漏电断路器的保护类型　　　　表 2-4

漏电电流保护类型	能够检测的漏电流	不能检测的漏电流	是否适用充电桩
A 型漏电电流保护	额定频率下的交流	其他频率的交流	适用(IEC 推荐)
	脉动直流	直流	
B 型漏电电流保护	所有频率的交流	—	适用(IEC 推荐)
	脉动直流	—	
	直流	—	
F 型漏电电流保护	所有频率的交流	直流	适用(IEC 推荐)
	脉动直流	—	
AC 型漏电电流保护	额定频率下的交流	其他频率的交流	IEC 不推荐，国标还没有相应的要求
	—	直流	
	—	脉动直流	

单元二 交流充电桩的安装准备

漏电断路器的参数说明一览表　　　　表 2-5

通 用 参 数		备 注
U_n	额定电压	≥充电桩的额定电压
I_n	额定电流	≥充电桩的额定电流
$I_{\Delta n}$	额定漏电电流	≤30mA
I_{cn}	额定短路能力	断路器可承受并能分断的电流
∼	AC 型	国内目前还未采用 IEC 的要求
∼	A 型	根据 IEC 要求适用于充电桩配电
∼WWW	B 型	根据 IEC 要求适用于充电桩配电
∼WWW	F 型	根据 IEC 要求适用于充电桩配电

3. 具有过流保护的漏电断路器的布线

漏电断路器的布线方式如图 2-3、图 2-4 所示，特别指出的是接地保护线必须永久保持良好的连接状态，严禁接入开关的端子上。

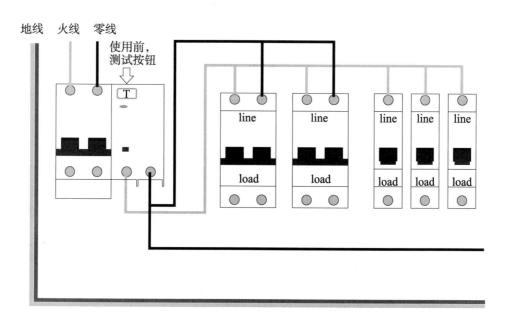

图 2-3　单相漏电断路器接线方式一

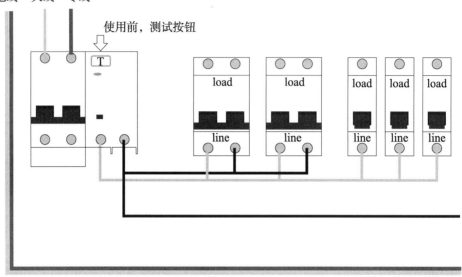

图 2-4　漏电断路器接线方式二

(三) 浪涌保护器的参数及功能介绍

1. 浪涌保护器的概述

浪涌保护器(Surge Protection Device,SPD)是用来保护电气设备免受冲击电压的破坏的装置。

SPD 分为三种类型,分别为:

(1) Ⅰ型 SPD。

Ⅰ型 SPD 适用于工业建筑。保护电流波形特性:10/350μs。

(2) Ⅱ型 SPD。

Ⅱ型 SPD 适用于保护低压配电装置。安装在每个电气配电盘,它可以防止过电压在电气装置的扩散并保护负载。

保护电流波形特性:8/20μs。

(3) Ⅲ型 SPD。

Ⅲ型 SPD 的放电容量比较低。作为Ⅱ型 SPD 的补充,用于保护敏感的控制器具和敏感的负载。

保护电流波形特性:1.2/50μs。

保护电压波形特性:8/20μs。

2. SPD 的接线方式和保护原理

SPD 的接线方式和保护原理见表 2-6。

单元二 交流充电桩的安装准备

SPD 的接线方式和保护原理 　　　　表 2-6

接线方式	相线和接地	中线和接地
标识	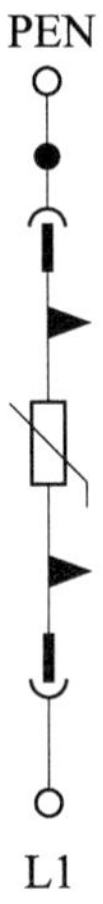 PEN ─ L1 (带压敏电阻符号)	N ─ PE (带气体放电管符号)
	(SPD 安装示意图)	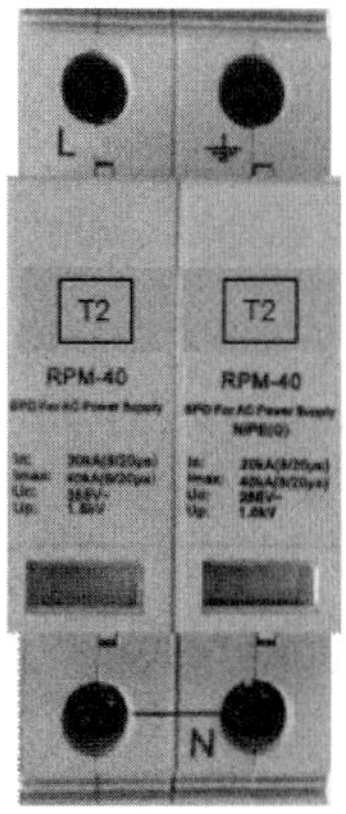 (T2 RPM-40 实物图)

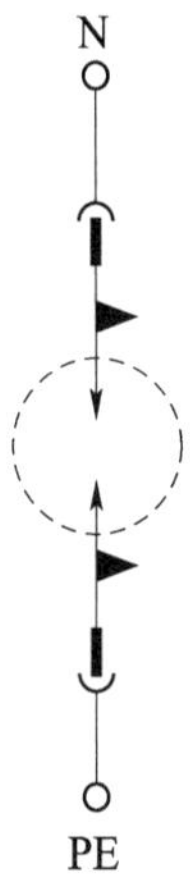

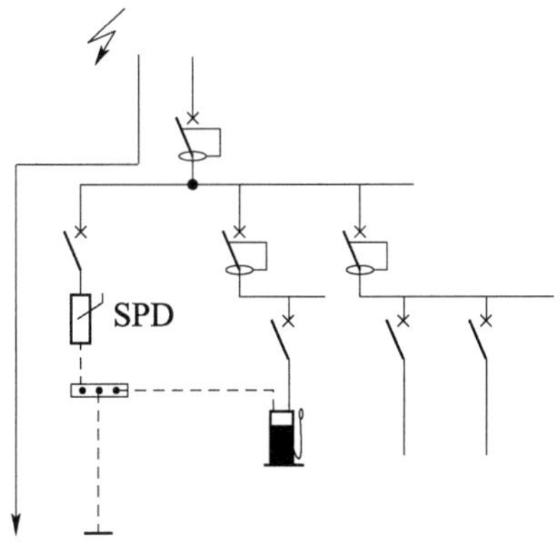

SPD 可能因多次承受浪涌电流和暂时过电压的冲击而失效，失效后的 SPD 可能呈短路状态而引起危险，也可能呈开路状态失去保护作用。SPD 上端应串联过电流保护器，在 SPD 失效短路后，能有效切断此短路电流。

根据 IEC 的要求，如果需要雷电防护的场所，Ⅱ型 SPD（耐受电压≥2.5kV）应接在相线和地线之间来保护安装好的充电桩。SPD 可以装在建筑配电上，也可以装在充电桩内部。

(四) 过电流保护装置的选配

过电流保护装置在选择参数时应参照图 2-5，由设计电流 I_b、电缆线的实际承载电流来确定保护器件的参数。

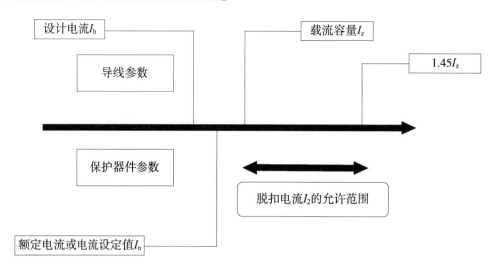

图 2-5　导线和保护器件的参数关系

过电流保护装置不仅要考虑接地故障的保护还要考虑电线电缆过载的保护。电线电缆过载保护应满足以下两个条件：

$$I_b \leq I_n \leq I_z \tag{2-1}$$

$$I_2 \leq 1.45 I_z \tag{2-2}$$

式中：I_b——设计的电路电流（充电桩的额定电流）；

I_n——过载保护电器的额定电流；

I_z——电源线的载流容量；

I_2——在规定的时间范围内（如 1h），保证过流保护装置动作的最小电流。

(五) 防触电保护电气部件的选配

1. TN 系统防触电的保护电气部件的选配

间接接触的防护应由过电流保护装置（如断路器）或漏电保护装置提供，如果带电部分和外露可导电部分或保护导体之间发生故障，保护装置应能在足够短的时间内自动切断供电电源。

①配电线路仅供给固定式电气设备用电的末端线路，不宜大于 5s。

②供给手持式电气设备和移动式电气设备用电的末端线路或插座回路，TN 系统的最长切断时间见表 2-7。

TN 系统的最长切断时间　　表 2-7

相导体对地标称电压(V)	切断时间(s)	相导体对地标称电压(V)	切断时间(s)
220	0.4	>380	0.1
380	0.2		

(1)采用过电流保护装置自动切断电源。

电气设备内任何地方的相线和保护导线或外露可导电部分之间如果发生可忽略阻抗时(图2-6,虚线为故障电流的路径回路),其中R_n为中性线接地电阻,R_s为三相五线制PE线接地电阻,R_r为人地电阻。配电线路的过电流保护装置应符合以下要求:

$$Z_s \times I_a \leqslant U_o \qquad (2\text{-}3)$$

式中:Z_s——接地故障回路的阻抗(Ω);

I_a——保证过电流保护装置在规定时间内切断故障回路的动作电流(A);

U_o——相线对地电压(V)。

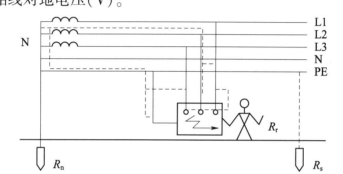

图2-6 TN系统故障示意图

(2)采用漏电保护装置。

采用漏电保护装置(Residual Current Device,RCD)作为保护电器时,I_a则为表2-3中规定时间内切断故障回路的动作电流,由于$I_{\Delta n}$一般为毫安级,且瞬时动作时间很短,所以通常的配电线路不必验算,RCD均满足要求。

2. TT系统防间接电击的保护电气部件的选配

(1)TT系统防间接电击的具体要求。

当发生单相短路故障时,保证电气设备的外露导电部分的接触电压不超过安全电压值,而且保护设备在适当时间内自动切断电源,确保电气安全。

图2-7所示的为电气设备绝缘损坏后单相短路,图中虚线为故障电流I_d流经的故障环路R_z为电气设备外壳接地的电阻。该环路阻抗包括电源阻抗、带电导线阻抗、故障点电阻。

(2)电源接地电阻R_n,外露可导电部分的接地电阻R_a。

由于电源阻抗、带电导线阻抗、外露导电部分保护线的阻抗都比接地电阻小得多,可以忽略不计,故障点电阻对计算故障电流影响不大,为简化计算,故障电流可以由以下公式表示:

$$I_d = \frac{U_o}{R_a + R_n} \geqslant I_a \tag{2-4}$$

式中：I_a——保证过电流保护装置在规定时间内切断故障回路的动作电流(A)。

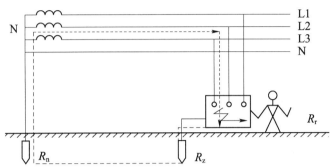

图 2-7 TT 系统故障示意图

TT 系统接地电阻值比较大,因而故障电流较小,所以在保护电器动作前,一般事故不会扩大,选择保护电器时 IEC 标准规定 RCD 应优先考虑采用。

TT 系统配电线路间接接触保护电气部件的动作特性应满足下列要求：

$$R_a \times I_{\Delta n} \leqslant 50(\text{V}) \tag{2-5}$$

式中：R_a——外露可导电部分的接地电阻(Ω)；

$I_{\Delta n}$——RCD 的额定剩余动作电流(A)。

在单相接地故障时,电气设备外露导电部分的接触电压不超过50V,就满足了要求,如果计算而得的接触电压大于50V,RCD 就会及时切断电源以防止电击事故的发生。当采用 RCD 时,必须满足式(2-5)的要求,此时 I_a 等于 $I_{\Delta n}$,该值一般为毫安级。同时 RCD 的分断时间一般不超过0.2s,所以不必考虑自动切断电源的规定时间。

3. IT 系统防间接电击的保护电气部件的选配

IT 系统在电源侧不设系统接地或接有高阻抗接地,当系统第一次发生接地故障时,电流没有直接返回电源的回路,或回路电阻很大,所以其故障电流很小,一般不会引发电击的危险,所以不必切断电源,如图 2-8 所示。

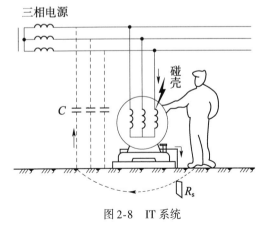

图 2-8 IT 系统

当 IT 系统电气装置的外露导电部分发生第二次接地故障时,要求不配中线时须满足下列要求：

$$Z_s \times I_s \leqslant 0.5U \tag{2-6}$$

配中线时：

$$Z'_s \times I_s \leq 0.5 U_0 \qquad (2\text{-}7)$$

式中：Z_s——包括相线和 PE 线在内的故障回路阻抗；

I_s——防护电器切断故障回路的动作电流；

U——相电压；

Z'_s——包括相线，中性线和 PE 线在内的故障回路阻抗；

U_0——相和中性线之间的电压。

保护电气部件的动作时间参照 TN 系统的要求。为了知晓内部电气连接存有故障，通常采用电阻监控法来实施。

4. 附加防护的要求

IEC 标准要求电动汽车的充电设备每一个接口的电路须有专用 RCD 保护，对于 RCD 的要求是断开所有的带电体包括零线。动作漏电电流不超过 30mA，5$I_{\Delta n}$ 动作时间不超过 40ms，A 型以上，符合 IEC 61008-1、IEC 61009-1、IEC 60947-2、IEC 62423 之一的要求。

5. 充电桩供电线路的要求

在 TN-C-S 系统中只要有条件，充电桩的供电电路应有一个专用的过流保护器保护，不和其他电路连接。直接漏电保护器除满足上述第 4 条的要求以外，同时它的上端不再连接其他漏电保护器，如果不能满足上述要求，那么现有的漏电保护器要么必须更换成 B 型的漏电保护器，如图 2-9 所示，或按表 2-8 进行风险分析。

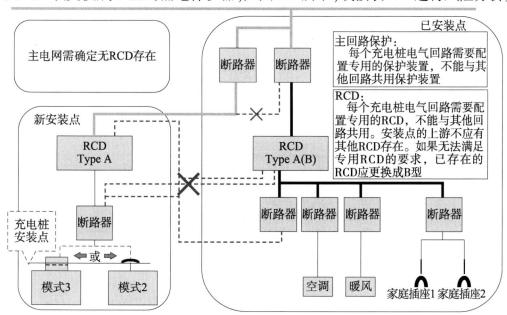

图 2-9 TN-C-(S) 系统

满足上游使用 A 型或 AC 型漏电保护器的条件　　　　表 2-8

直接漏电保护器是 A 型，上游连接 A 型或 AC 型漏电保护器的条件	以下条件必须同时满足
	TN 系统
	$I_{\Delta n}$（上游）$> 3 \times I_{\Delta n}$（下游）
	保护装置包含漏电保护和过流保护的功能
	和上游漏电保护器连接的所有下游电路必须配备单独的漏电保护器

电动汽车充电桩或充电接口必须使用分开的专用线路，但这并不排斥一条线路连接一个以上的充电设备或接口，只要总的电流不超过线路自身的容量。

注：漏电保护器选配的具体要求以电动汽车厂商的相关车型的充电要求为准。

满足表 2-8 的要求，上游带漏电保护功能的断路器可以是 A 型或 AC 型。此电路的潜在风险，增加任何线路必须配备单独的漏电保护器。

二、充电桩电路布线

(一) 常用电线电缆的型号、名称及用途

电线电缆是用于传输电能、传输信息和实现电磁能量转换的电工线材产品。电线是指仅有导体绝缘以及轻型保护层的电工产品。电缆是指具有导体绝缘以及重型保护层的电工产品。

1. 电缆的型号

电缆是一种特殊的导线，它是将一根或数根绝缘导线组合成线芯，外面再包覆上包扎层而成。按用途分为电力电缆和控制电缆两大类。电力电缆主要用于分配大功率电能；控制电缆则用于在电气装置中传输操作电流、连接电气仪表、继电保护和自控回路用。电缆结构如图 2-10 所示。

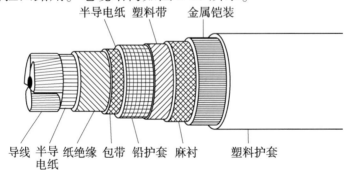

图 2-10　电缆结构示意图

国内电缆按使用的绝缘材料、封包结构、电压、芯数以及内外层材料的不同有许多分类方法，为区别不同的电缆，其结构特征通常以型号表示。电缆型号

(图 2-11)由以下七部分组成：

第 1 项表示产品类别或用途；

第 2~6 项表示电缆从内至外各层材料和结构特征；

第 7 项是各种特殊使用场合或附加特殊使用要求的标记，在"-"后以拼音字母标记。

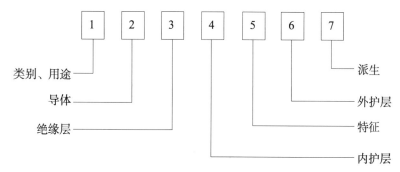

图 2-11 电缆型号

有时为了突出此项,把标记字母写到最前面。如 ZR-(阻燃)、NH-(耐火)、WDZ-(低烟无卤)、TH-(湿热地区用)、P-(干绝缘)、D-(不滴流)等。型号中的字符含义见表 2-9。

电缆型号含义　　　　表 2-9

类别、用途	导 体	绝缘层	内护层	特 征	外护层	派 生
K-控制电缆	L-铝芯线	V-聚氯乙烯	H-橡套	B-扁形线	1-纤维外被	0-无
B-布电线	T-铜芯线（免注）	Y-聚乙烯	V-聚氯乙烯	S-双绞线	2-聚氯乙烯外护套	1-联锁钢带
Y-移动型电缆		YJ-交联聚乙烯	Y-聚乙烯	Q-轻型	3-聚乙烯外护套	2-双层钢带
P-信号电缆		G-硅橡胶	Q-铅包	Z-中型	4-弹性体外护套	3-细圆钢丝
空缺-电力电缆		XD-丁基橡胶	HF-非燃性橡套	C-重型		4-粗圆钢丝
		X-橡皮	HS-防水橡套	P-屏蔽		6-双铝(或铝合金)带
		F-氟塑料	HY-耐油橡套			8-铜丝编织
						9-钢丝编织

完整的电缆命名中除了型号部分,还有具体规格,规格采用芯数、公称截面和电压等级表示。例如：

(1) RVV 3×1.5mm² 表示 3 芯聚氯乙烯护套软线,每根导线截面积为 1.5mm²。

(2) YJV-3×25+1×16mm² 表示 4 芯电缆,3 根导线截面积 25mm²,1 根接地保护线截面积 16mm²。

2. 电线常用类型

(1) 辐照交联电力电缆。

辐照后的交联聚乙烯热性能可达到105℃,绝缘纯度高,在电性能、力学性能方面有优良特性,电缆寿命可达60年,同时具有质量轻、结构简单、敷设不受落差限制等特点。

(2) 低烟无卤电缆。

低烟无卤电缆特性和辐照交联电缆接近,在发生火灾的情况下电缆燃烧过程中减轻烟雾浓度、避免毒性气体释放,这样可以避免蔓延的浓烟使人窒息,也避免了有害气体对精密仪器及人体的毒害。

(3) 布电线。

绝缘电线又称布电线,按每根导线的股数分为单股线和多股线,通常6mm²以上的绝缘导线都是多股线,6mm²及以下的绝缘电线可以是单股线,也可以是多股线。6mm²及以下单股线又称为硬线,多股线又称软线。

3. 电线电缆型号的选择

电线电缆的型号选择,应按环境条件、敷设方式、用电设备的要求等综合考虑。常用型号及主要用途见表2-10。

常用电线电缆型号及主要用途　　　　表2-10

结　构	型号	名　称	主要用途及敷设方式
单根芯线/塑料绝缘/绞合芯线	BV	聚氯乙烯绝缘铜芯线	用于交、直流额定电压500V以下的户内照明和动力线路,以及户外沿墙支架敷设
棉纱编织层 橡皮绝缘 单根芯线	BX	铜芯橡皮线	
塑料绝缘 多根束绞芯线	BVR	聚氯乙烯绝缘铜芯软线	适用于活动不频繁场所的电源连接线
塑料绝缘/塑料护套/芯线	BVV	聚氯乙烯绝缘护套铜芯线	用于交、直流额定电压500V及以下户内、外照明和小容量动力线路敷设

充电桩安装中电线电缆类型的选择应遵循下列原则：

(1) 宜采用铜芯电缆或电线。

(2) 建议采用架空敷设时,宜采用有绝缘护套的电线电缆。

(3) 三相四线系统中应采用四芯线,不应采用三芯线外加一根单芯电缆的形式,也不允许用导线、电缆金属护套作中性线。

(4) 在三相系统中,不得将三芯电缆中的一芯接地。

(二) 电线电缆线径的选择

导线线径选择分三部分内容,一是相线截面的选择,二是中性线(N线、工作零线)截面的选择,三是保护线(PE线、保护零线)截面的选择。

1. 相线线径选择

(1) 基本原则。

①考虑环境温度,根据敷设方式确定导线载流量,不应小于充电桩的设计电流。

②应满足线路保护的要求。

③电压损耗应满足用充电桩正常工作的要求。

④最小截面积应满足机械强度要求。

(2) 导线载流量的确定。

导线的允许载流量是指在额定工作条件下,导线允许长期通过的最大电流。不同材质、不同截面面积、不同敷设方法、不同绝缘材料、不同环境温度和穿不同材料的保护管等因素都会影响导线的载流量。表2-11列出了充电桩配电线路敷设方式及敷设方式归类。建议主要采取B2的敷设方式,以防止外部因素对导线造成的损坏。

常用充电桩线路敷设方式及归类　　　　　　　　　　表2-11

序号	敷 设 方 式	描　　述	对应敷设方式类别
1	 　　　　a)　　　　　　　　b)	绝缘导线或单芯电缆穿管敷设在墙上,或线管与墙的距离小于0.3倍线管直径	B1

续上表

序号	敷设方式	描述	对应敷设方式类别
2	a)　　　　　b)	多芯电缆穿管敷设在墙上,或线管与墙的距离小于0.3倍线管直径	B2
3	a)水平走线　　b)垂直走线	绝缘导线或单芯电缆安装在电缆槽盒内(包括多间隔槽盒),电缆槽盒敷设在墙上	B1
4	a)水平走线　　b)垂直走线	多芯电缆安装在电缆槽盒内(包括多间隔槽盒),电缆槽盒敷设在墙上	B2
5	a)单芯	绝缘导线或单芯电缆安装在悬挂式电缆槽盒内	B1
6	b)多芯	多芯电缆安装在悬挂式电缆槽盒内	B2

续上表

序号	敷设方式	描述	对应敷设方式类别
7	a) b)	单芯或多芯电缆直接敷设在墙上,或与墙的距离小于0.3倍电缆直径	C
8		单芯或多芯电缆直接敷设在水泥天花板上	C
9		导线固定在悬挂的用电设备上	C
10		多芯电缆穿管或通过电缆槽盒敷设于地下	D1
11		单芯电缆穿管或通过电缆槽盒敷设于地下	D1

续上表

序号	敷设方式	描述	对应敷设方式类别
12		铠装的单芯或多芯电缆直接敷设于地下（无附加机械保护）	D2
13		铠装的单芯或多芯电缆直接敷设于地下（有附加机械保护）	D2

固定敷设的导体最小截面积应根据敷设方式、绝缘子支撑点间距和导体材料来确定。充电桩配电线穿管敷设或在槽盒中敷设时，导体最小截面积应大于等于1.5mm²。

PVC绝缘铜导线或电缆在不同敷设方式下的载流量见表2-12、表2-13。

采用不同敷设方式的PVC绝缘铜导线或电缆的载流容量I_z（单相电路）　　表2-12

截面积（mm²）	敷设方式（见表2-11）				
	B1	B2	C	D1	D2
	载流容量I_z（A）				
1.5	17.5	16.5	19.5	22	22
2.5	24	23	27	29	28
4	32	30	36	37	38
6	41	38	46	46	48
10	57	52	63	60	64
16	76	69	85	78	83
25	101	90	112	99	110
35	125	111	138	119	132
50	151	133	168	140	156
70	192	168	213	173	192
95	232	201	258	204	230
120	269	232	299	231	261

注：导体温度：70℃，环境温度：30℃（空气中），20℃（土壤中）。

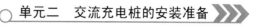

采用不同敷设方式的PVC绝缘铜导线或电缆的载流容量I_z（三相电路）　　表2-13

截面积 (mm²)	敷设方式（见表2-11）				
	B1	B2	C	D1	D2
	载流容量I_z(A)				
1.5	15.5	15	17.5	18	19
2.5	21	20	24	24	24
4	28	27	32	30	33
6	36	34	41	38	41
10	50	46	57	50	54
16	68	62	76	64	70
25	89	80	96	82	92
35	110	99	119	98	110
50	134	118	144	116	130
70	171	149	184	143	162
95	207	179	223	169	193
120	239	206	259	192	220

注：导体温度：70℃，环境温度：30℃（空气中），20℃（土壤中）。

交联聚乙烯绝缘铜导线或电缆在不同敷设方式下的载流量见表2-14、表2-15。

采用不同敷设方式的交联聚乙烯绝缘铜导线或电缆的载流容量I_z（单相电路）　　表2-14

截面积 (mm²)	敷设方式（见表2-11）				
	B1	B2	C	D1	D2
	载流容量I_z(A)				
1.5	23	22	24	25	27
2.5	31	30	33	33	35
4	42	40	45	43	46
6	54	51	58	53	58
10	75	69	80	71	77
16	100	91	107	91	100
25	133	119	138	116	129
35	164	146	171	139	155
50	198	175	209	164	183
70	253	221	269	203	225
95	306	265	328	239	270
120	354	305	382	271	306

注：导体温度：70℃，环境温度：30℃（空气中），20℃（土壤中）。

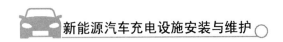

采用不同敷设方式的交联聚乙烯绝缘铜导线或电缆的载流容量 I_Z（三相电路） 表2-15

截面积 (mm²)	敷设方式（见表2-11）				
	B1	B2	C	D1	D2
	载流容量 I_Z(A)				
1.5	20	19.5	22	21	23
2.5	28	26	30	28	30
4	37	35	40	36	39
6	48	44	52	44	49
10	66	60	71	58	65
16	88	80	96	75	84
25	117	105	119	96	107
35	144	128	147	115	129
50	175	154	179	135	153
70	222	194	229	167	188
95	269	233	278	197	226
120	312	268	322	223	257

注：导体温度：70℃，环境温度：30℃（空气中），20℃（土壤中）。

上述表格给出的是环境温度30℃时PVC或交联聚乙烯绝缘铜导线的载流量。对于其他环境温度，表2-16给出了修正系数。

不同温度下PVC或交联聚乙烯导线载流量的修正系数 表2-16

环境温度 (℃)	修 正 系 数	
	PVC	交联聚乙烯
10	1.22	1.15
15	1.17	1.12
20	1.12	1.08
25	1.06	1.04
30	1.00	1.00
35	0.94	0.96
40	0.87	0.91
45	0.79	0.87
50	0.71	0.82
55	0.61	0.76
60	0.50	0.71

例如：三相交流充电桩，额定电流20A，环境温度30℃，按照D1的敷设方式可选用1.5mm²的PVC绝缘铜导线。当环境温度40℃时，采用B1敷设方式，

单元二 交流充电桩的安装准备

1.5mm^2 的 PVC 绝缘铜导线的载流量降为 $21 \times 0.87 = 18.27\text{A}$,因此需选用线径大于 2.5mm^2 导线。

(3)线路敷设中的电压损耗。

按照允许载流量选择了导线截面后,还应计算电压损耗来校验导线截面。从敷设源头至负载的电压损耗不应超出表 2-17 列出的值。

不同敷设类型的最大电压损耗   表 2-17

敷 设 类 型	照明回路(%)	其他回路(%)
A:安装电源直接来自公共低压配电系统	3	5
B:安装电源来自个人低压配电系统	6	8

注:如果可能,建议最终回路的电压损耗不超过安装方式 A 的限值。

参考表 2-17 确定充电桩配电系统从源头至负载的电压损耗不应超过 5% 电压降计算公式如下:

$$U = b \left(\rho_1 \frac{L}{S} \cos\varphi + \lambda L \sin\varphi \right) I_B \tag{2-8}$$

式中:U——电压降(V);

    b——系数,三相回路 $b=1$,单相回路 $b=2$;

    ρ_1——正常使用时的导线电阻系数,取正常工作温度下的电阻系数,即 1.25 倍 20℃时的电阻系数,例如铜导线为 $0.0225\Omega \cdot \text{mm}^2/\text{m}$;

    L——走线系统的连续长度(m);

    S——导线截面积(mm^2);

    $\cos\varphi$——功率因数;缺省功率因数取 $0.8(\sin\varphi = 0.6)$;

    λ——单位长度导线电抗,缺省值取 $0.08\text{m}\Omega/\text{m}$;

    I_B——设计电流(A)。

2. 中性线的截面选择

(1)中性线(N 线)截面面积一般不应小于相线截面面积的 50%。

(2)对于三次谐波电流相当大的三相电路,由于各相的三次谐波电流都要流过中性线,使得中性线电流可能接近相电流,中性线的截面应与相线的截面相同。

(3)由三相电路分出的单相电路,其中性线的截面应与相线的截面相同。

3. 保护线(PE 线、保护零线)的截面选择

保护线(PE 线、保护零线)的截面选择应符合表 2-18 的要求。

保护线的截面选择　　　　　　　　　　　　　表2-18

相线的截面面积 S(mm^2)	保护线的最小截面面积 S_P(mm^2)
$S \leqslant 16$	S
$16 < S \leqslant 35$	16
$S > 35$	$S/2$

4.布线施工中导线颜色的选择

导线敷设时,相线 L、中性线 N 和保护线 PE 应采用不同颜色,不仅使敷设和接线便捷,也为检修或更换导线提供了方便,更利于保证施工安全。施工人员根据线色就能直接识别出相线、中性线和保护线,见表2-19。

相线、中性线和保护线的颜色标志　　　　　　　　表2-19

导线类别	颜色标志	线　别
动力回路用导线	黑色	相线 L1,L2,L3
交流控制回路用导线	红色	—
直流控制回路用导线	蓝色	—
中性线(N 线)	浅蓝色	N 线
保护线(PE 线)	黄/绿双色	PE 线

注:中性线及保护线颜色为强制要求,其他均为推荐使用线色。

(三) 配电线路的敷设

电线电缆的敷设方法很多,有直埋敷设、排管内敷设、电缆沟或电缆隧道内敷设、电缆桥架明敷设等。应根据电线电缆的线路长度、电线电缆数量、环境条件等综合决定。充电桩的室内配电线路敷设尽量采用明敷设,以方便安装及后期维护。表2-20列出了充电桩安装中几种明敷布线方式的适用范围。

不同配线方式适用范围　　　　　　　　　　　表2-20

配线方式	适用范围
金属管配线	适用于导线易受机械损伤、易发生火灾及易爆炸的环境
塑料管配线	适用于潮湿或有腐蚀性的环境,但易受机械损伤的场所不宜采用塑料管明敷
线槽配线	适用于干燥和不宜受机械损伤的环境,但对有严重腐蚀的场所不宜采用金属线槽配线;对高温、易受机械损伤的场所不宜采用塑料线槽配线

电线电缆敷设前要检查,敷设通道畅通;金属支架防腐层完整;电线电缆型号、电压、规格符合设计要求;电线电缆外观无损伤、绝缘良好。

应按设计和实际路径计算电线电缆的长度,合理安排,减少电线电缆接头。

1. 电线电缆敷设的一般规定

(1) 电线电缆在终端头和接头附近宜留有备用长度,以方便以后故障检修。

(2) 敷设时不可使电缆过分弯曲,以免受机械损伤,其弯曲半径应符合表2-21的规定。

电缆最小允许弯曲半径　　　　表2-21

电缆类型		多　芯	单　芯
橡皮绝缘电力电缆	无铅包、钢铠护套	10d	
	裸铅包护套	15d	
聚氯乙烯绝缘电力电缆		10d	
交联聚氯乙烯绝缘电力电缆		15d	20d

注:d 为电缆外径。

(3) 电缆垂直敷设或超过45°倾斜敷设时,在每个支架上均需固定。水平敷设时则只需要在电缆首末两端、转弯及接头的两端处固定。采取支架敷设的方式,水平敷设时,各支持点间距宜取1.5m;垂直敷设时,各支持点间距宜取2m。

(4) 电缆敷设时应排列整齐,不宜交叉,并加以固定,装设标志牌。

(5) 应根据不同的敷设材料,敷设管材的形状,在规定的最大间距内架设固定装置如:管卡,支架,吊架,托臂等。

图2-12为外部布线示意图。

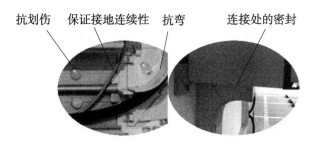

图2-12　外部布线示意图

2. 电线电缆通过金属导管、金属线槽布线

(1) 布线基本要求。

①严重腐蚀的场所,不宜采用金属导管、金属槽盒布线。在建筑物内有可燃物时,应采用金属导管、金属槽盒布线。同一个回路的所有相线和中线,应敷设在同一个金属槽盒或金属导管内。

②必须明敷于潮湿场所的金属导管布线,金属导管应符合相关国家标准;当金属导管有机械外压力时,应根据相关国家标准选择相应耐压等级的金属导管。

③金属导管和金属槽盒敷设时,如必须和热水管、蒸汽管同侧敷设时,应敷设在热水管、蒸汽管下方。当有困难时,也可以敷设在热水管、蒸汽管上方,各自净距离应符合表 2-22 的要求。

配线系统和管道平行敷设时的最小间距　　　　表 2-22

管 道 名 称	最小距离(mm)	管 道 名 称	最小距离(mm)
蒸汽管道	1000/500[a]	其他管道	100
暖、热水管道[b]	300/200[a]		

注:[a]分子数字为配线系统敷设在管道上方的最小距离;分母数字为配线系统敷设在管道下方的最小距离。

[b]对有保温措施的热水管、蒸汽管,净距离不宜小于 200mm。

④不能符合表 2-22 的要求时,应采取隔热措施。与水管同侧敷设时,宜将金属导管、金属槽盒敷设在水管的上方。管线互相交叉时的净距离,不宜小于平行的净距离。

(2)其他要求。

①同一路径无防干扰要求的线路,可敷设于同一金属管或金属槽盒内。金属导管或金属槽盒内导线的总截面积不宜超过其截面积的 40%,且金属槽盒内载流导线不宜超过 30 根。

②控制、信号等非电力回路导线敷设于同一金属导管或金属槽盒内时,导线的总截面积不宜超过其截面积的 50%。

③可弯曲金属导管布线,管内导线的总截面积不宜超过管内截面积的 40%。

④导线在金属导管或槽盒内不应有接头。

⑤金属槽盒垂直或倾斜敷设时,应采取固定措施防止导线在线槽内移动。

⑥金属槽盒的吊架或支架的敷设,直线段宜为 2~3m 或在槽盒接头处;在槽盒首、终端及进出接线盒 0.5m 处;在槽盒转角处敷设。

⑦金属导管或金属槽盒布线,金属外壳等非带电金属部分应可靠接地,且不应利用金属外壳做接地线。

3. 电线电缆通过塑料导管、塑料槽盒布线

(1)有酸碱腐蚀介质的场所宜采用塑料导管和塑料槽盒布线,但在高温和易受机械损伤的场所不宜采用明敷。布线用塑料导管,应采用符合相关国家标准中阻燃型塑料导管;布线用塑料槽盒,应符合相关国家标准中阻燃的有关规定。

(2)塑料导管、塑料槽盒不宜与热水管、蒸汽管同侧敷设;塑料导管、塑料槽盒的导线敷设容量要求同金属导管及金属槽盒;内部不应有接头。

图 2-13 为导管、槽盒布线示意图。

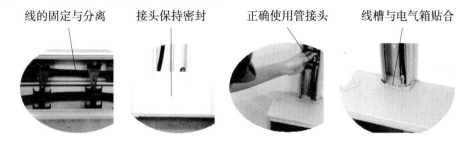

图 2-13　外部导管、槽盒布线示意图

三、充电设备安装技术要求

(一)配电柜内元器件安装

1.一般要求

所有元器件的设置和排列应该不用移动元器件或其配线就能清楚识别。对于为了正确运行而需要检验或更换的器元件,应在不拆卸其他元器件的情况下就能得以进行。所有元器件的安装都应易于从正面操作和维修。当需要专用工具调整、维修或拆卸元器件时应使用这些专用工具。除了操作、指示、测量器件外,在电控柜门上尽量不安装元器件。

2.元器件的安装要求

(1)与电气设备无直接联系的非电气部件不应安装在配电柜内。

(2)在布置元器件位置时,按元器件制造商规定的安装间隙和爬电距离。

(3)断路器作为过电流保护器件,其额定电流值必须要不小于所保护电路中的稳态满载电流值,同时必须不大于导线连续工作时的有效载流容量。断路器的分断能力必须大于断路器出线端发生短路故障时的最大短路电流,否则会损坏断路器。断路器的额定电压应该不小于线路的额定电压。断路器一般应垂直安装在导轨上,按照各型号规格产品的使用说明书要求,安装时留有规定的飞弧距离;接线完成后应将制造商提供的端子附件一同安装,达到 IP2× 或 IP××B 以上的防护要求。

(4)漏电保护器的额定电压应不小于线路的额定电压,额定电流不小于线路的稳态满载电流值。安装在充电桩前端的漏电保护器推荐使用 Type A 型以上,动作电流不应大于 30mA,动作时间应在 $5I_{\Delta n}$ 情况下不大于 0.04s。漏电保护器应垂直安装在配电柜内的安装导轨上。漏电保护器安装完毕后要通过测试按钮来验证其是否正常工作。

(5)隔离开关一般作为电源总开关使用。隔离开关的额定电压应不小于线路的额定电压,其额定电流不小于线路的稳态满载电流值。当断路器同时也做为电源总开关时,必须要带隔离功能。隔离开关应垂直安装在配柜箱内的安装导轨上安装后正常使用不能有卡阻现象。

导轨通常安装在配电柜底板上,必须保证足够的机械强度,直线导轨推荐使用不锈钢材料。导轨的安装必须保证良好的水平度,导轨与配电柜上、下柜面的垂直距离建议大于100mm,两平行导轨之间的垂直距离建议大于150mm,以便元器件的安装与走线,如图2-14所示。导轨固定完成后,在尚未安装元器件的情况下,应能承受水平方向和垂直方向各300N的力,而无形变和位移。当电气部件安装结束后,在导轨两端加上保护套以防由于机械切割产生锐边对导线造成损伤。

图2-14 配电柜导轨安装

(6)内部导线的选择应适合于工作条件(如电压、电流、电击的防护、电缆的分组)和可能存在的外界影响(如环境温度、存在水或腐蚀物质和机械应力)。导线的材质应为铜质;导线的绝缘层应该使用阻燃材料,如聚氯乙烯,橡胶,交联聚乙烯,硅橡胶等,绝缘层的介电强度应满足2000V持续15min的耐压试验,绝缘层的机械强度和厚度应是工作时或敷设时绝缘不受损伤。导线线径的选择要考虑稳态条件下的环境温度和满载电流,满载时的电压降不能超过额定电压的5%。PVC铜导线在环境温度为40℃的稳态条件下的对应载流容量见表2-23。

PVC铜导线截面积与载流容量的对应关系(40℃的稳态条件下) 表2-23

截面积(mm^2)	载流容量(A)	截面积(mm^2)	载流容量(A)
0.75	7.6	6	32
1	10.4	10	44
1.5	13.5	16	60
2.5	18.3	25	77
4	25	35	97

(7)导线在连接好以后应固定以保持处于应有的位置,可以用绝缘扎带固定或在非金属的走线槽中走线,如图 2-15、图 2-16 所示。

走线槽　　　　　　　　　　　　接地软线

图 2-15　带走线槽的配电柜图　　图 2-16　接地线示意图

(8)安装在配电柜门上易遭受频繁运动的导线,应采用软线。

(9)配电柜上如安装电源插座,电源插座规格应满足工业用或民用国家标准的要求,否则需要清楚标明电压和电流的额定值;电源插座应提供保护接地电路连续性的措施;插座的供电侧应提供相对应的过流保护。

(二)电气部件的连接和固定

1. 一般要求

所有连接,尤其是保护接地电路的连接应牢固,没有意外松脱的危险。连接的方法应与被连接导线的截面积和导线的性质相适应,以保证接头的接触电阻小和足够的机械强度。

只有专门设计的端子,才允许一个端子连接两根或多根导线,如图 2-17 所示。除此之外一个接地端子只能连接一根保护接地导线。

接线端子应清楚做出与电路图上相一致的标记,识别标牌应清晰、耐久,适合于实际环境。接线座的安装和接线应使内部和外部配线不跨越端子。

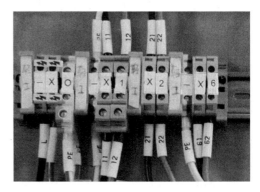

图 2-17　导线端子的连接图

2. 内部导线布线

为满足连接和拆卸导线的需要及日后维护维修的方便,应提供足够的附加长度。只要可能就应将保护导线靠近有关的负载导线安装,以便减小回路阻抗。

3. 线头和接线柱的连接

断路器、隔离开关、插座等各种元器件均有接线柱供连接导线用。通常有针孔式和螺钉平压式两种,如图 2-18 所示。推荐使用导线间接受压方式,这样导线不易受损。对于导线截面积 16mm² 及以下导线,都可以用这种非制备导线线头与接线柱连接。

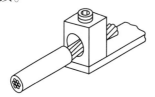
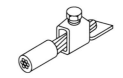

a)针孔式接线柱(导线直接受压)

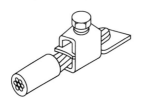
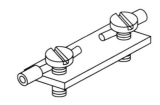

b)间压针孔式接线柱(导线间接受压)　　c)螺钉平压式接线柱(导线直接受压)

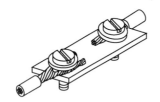
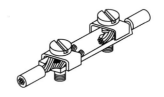

d)螺钉平压式接线柱(导线间接受压)

图 2-18　接线柱的类型

针对不同螺纹直径的紧固件,固定时需要达到相应的扭矩要求,见表 2-24。

表 2-24　固定扭矩和螺纹直径之间的关系

螺纹直径(mm)	固定扭矩(N.m)	螺纹直径(mm)	固定扭矩(N.m)
1.6 及以下	0.1	3.6~4.1	1.2
1.6~2.0	0.2	4.1~4.7	1.8
2.0~2.8	0.4	4.7~5.3	2.0
2.8~3.0	0.5	5.3~6.0	2.5
3.0~3.2	0.6	6.0~8.0	3.5
3.2~3.6	0.8	8.0~10.0	4.0

对于导线截面积超过 16mm² 的导线,推荐在线头处制备 O 型或 U 型接线端子与元器件进行连接。

4. 导线的防护

外部配线在进入配电柜金属外壳时，必须安装与配线外径尺寸相对应的绝缘护套，以满足机械防护和 IP 等级的要求，如图 2-19。内部导线的走线如果需要穿越配电柜内的金属隔板，必须在走线孔的位置加装绝缘衬垫。

电缆的密封和抗拉装置

图 2-19　进线绝缘护套

5. 接线空间距离

外部配线的进线端无论是与配电柜内的母线接线柱相连还是直接与隔离开关或者断路器的接线柱相连，都需要留有一定的接线空间距离，以便拉线固定。从外部配线进入配电柜的那个面到母线或者隔离开关接线柱的距离不宜小于100mm。

6. 导线和电气部件的标示

每根导线和电气部件应按照技术文件的要求在线的端部和每个部件(部件表面及底板)做出标记。标识可用"数字""字母和数字"，也可用"颜色""颜色和数字"或"字母和数字"。接地保护导线一般采用色标，导线全长采用黄/绿双色组合，接地保护导线一般采用的色标是绝对专用的。中线的色标是浅蓝色，具体要求参见表 2-19。所有标示应和电气原理图相一致，如图 2-20 所示。

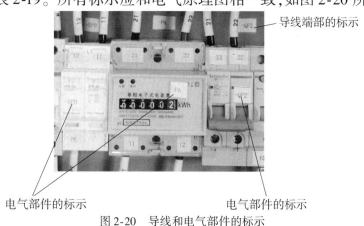

电气部件的标示　　　　　　电气部件的标示

导线端部的标示

图 2-20　导线和电气部件的标示

(三)保护接地要求

1. 保护联结电路

保护联结是为了保护人员防止来自间接接触的电击,是故障防护的基本措施。保护联结由 PE 端子,电柜或者设备上的保护接地导线,外露可导电的金属部件组成。保护联结电路中导线的截面积应该参照保护接地导线截面积的要求。

2. 保护接地导线

保护接地导线必须用铜导线。无论是外部配线还是配电柜的内部保护接地导线,保护导线的截面积应满足表 2-18 的要求。

接地保护导线的连接端子应该设置在各引入电源有关相线端子的邻近处。接地保护导线的线路中不允许接入开关器件,连接点不能具有其他功能作用如系缚或连接其他零件,严格遵守一线一端子的连接规则,如果与金属支架表面连接时,建议使用防松弹簧垫圈和齿形垫圈。每个接地保护导线的连接点都应有标记或标签,如用 PE 字母,图形符号⏚,黄/绿双色组合或任一组合进行标记,如图 2-21 所示。

 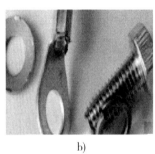 

a)　　　　　　　　　b)　　　　　　　　　c)

图 2-21　接地的标志,接地导线的颜色及连接的组成部分

(四)防触电保护

配电柜(图 2-22)如果安装在任何人都能打开的地方,应该配备钥匙和锁,只有经过专门培训的专业人员或者电工才能允许将其打开。当打开柜门后,对可能触及的所有带电元器件,其防止直接接触带电体的防护等级至少为 IP2× 或 IP××B。

(五)安装线路图

安装完毕后将实际安装的配电连线图及电气原理图(图 2-23 ~ 图 2-27)保存在容易获取的地方供今后维护,检查或改建时使用。

单元二 交流充电桩的安装准备

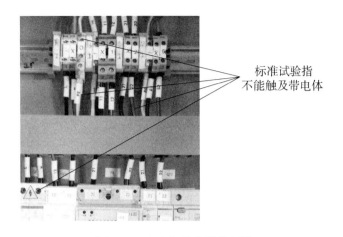

图 2-22 配电柜的内部装配图

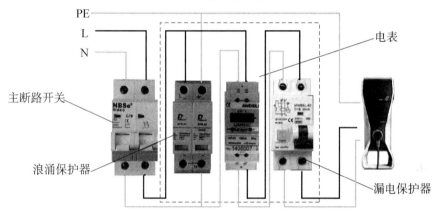

图 2-23 单相充电桩配电连线示意图

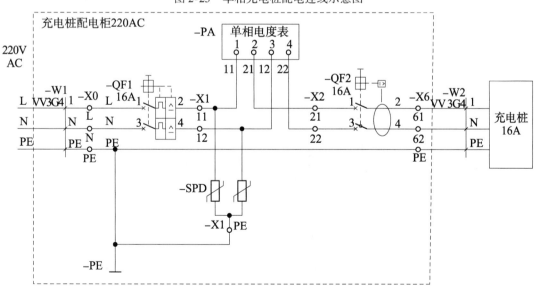

图 2-24 单相充电桩配电电气原理图

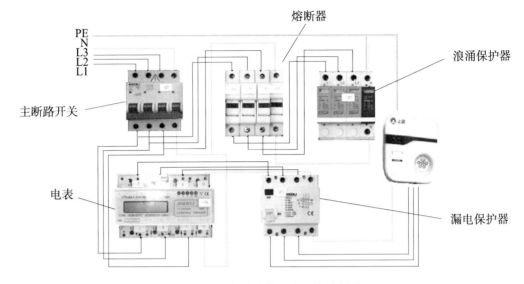

图 2-25 三相充电桩配电连线示意图

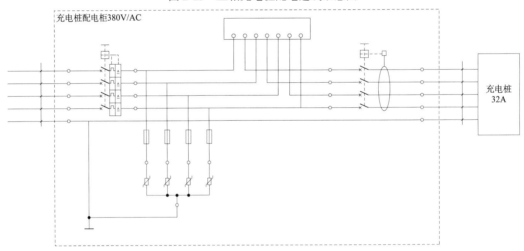

图 2-26 三相充电桩配电电气原理图

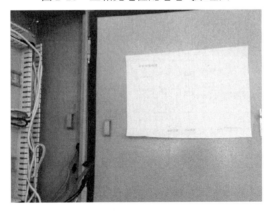

图 2-27 附有电气原理图的配电柜

注：如果当地法规要求安装急停开关，同时充电设备自身没有急停开关的装置，那么需要在配电线路上安装急停开关。

单元小结

（1）介绍了交流充电桩使用的小型断路器、漏电断路器、电涌保护器（或浪涌抑制器）的参数及功能，如何根据实际情况选择对应型号和参数的小型断路器和漏电断路器。

（2）介绍了具有过流保护的漏电断路器的布线的连接方式。

（3）了解了过流保护装置、防触电保护电气部件、TT/IT 系统防止间接电击保护电器的选配技术要求。

（4）学习了充电桩供电线路的布线要求。

（5）学习了配电线路敷设要求。

（6）介绍了配电柜内元器件安装要求。

（7）学习绘制实际安装的电气连线图。

思考与练习

（一）填空题

（1）小型断路器，又称_____，在配电系统中可以起到_____保护、_____保护的作用。

（2）漏电断路器分为_____型和_____型。适配于充电桩的漏电断路器推荐_____型。

（3）电涌保护器（或浪涌抑制器）简称_____，分为_____、_____、_____三种类型，其中_____型适用于保护低压配电装置。

（4）间接接触的防护应由过_____（如断路器）或_____提供。

（5）IEC 标准要求电动汽车的充电设备每一个接口的电路须有专用_____保护，对于_____的要求是断开所有的_____包括零线。

（6）充电桩电路导线线径选择分三部分内容，一是_____的选择，二是_____（N 线、工作零线）截面的选择，三是_____（PE 线、保护零线）截面的选择。

（7）充电桩的室内配电线路敷设建议尽量采用_____敷设，以方便安装及后期维护。

(8)当断路器同时也作为电源总开关时,必须要带_____功能。

(9)接地保护导线一般采用色标,导线全长采用_____双色组合,接地保护导线一般采用的色标是绝对专用的。中线的色标是_____。

(二)判断题

(1)过载条件下延时断开功能,电流负荷$1.13I_n$条件下,断路器1h内动作。(　　)

(2)漏电断路器的短路保护功能,正常工作条件下,当负载发生短路时,断路器瞬间分断以保护回路。(　　)

(3)SPD下端应串联过电流保护器,在SPD失效短路后应能有效切断此短路电流。(　　)

(4)RCD的分断时间一般不超过0.2s,所以不必考虑自动切断电源的规定时间。(　　)

(5)在TN-C-S系统中只要有条件,充电桩的供电电路应有一个专用的过流保护器保护,不和其他电路连接。(　　)

(6)三相四线系统中应采用四芯线,不应采用三芯线外加一根单芯电缆的形式,也不允许用导线、电缆金属护套作中性线。(　　)

(7)中性线(N线)截面面积一般不应小于相线截面面积的30%。(　　)

(8)充电桩的室内配电线路敷设建议尽量采用直埋敷设,以方便安装及后期维护。(　　)

(9)与电气设备无直接联系的非电气部件不应安装在配电箱内。(　　)

(10)安装在配电箱门上易遭受频繁运动的导线,应采用硬线。(　　)

(三)简答题

(1)请画出单相漏电断路器接线方式(上端为电源进线)。

（2）三相交流充电桩，额定电流35A，环境温度30℃，按照B1的安装方式可选用4mm² 的PVC绝缘铜导线。当环境温度40℃时，B1安装方式下，4mm² 的PVC绝缘铜导线的载流量降为多少？选用的导线应该做什么改变？

（3）请对图2-28中的实物进行连线，组成单相充电桩配电连线图。

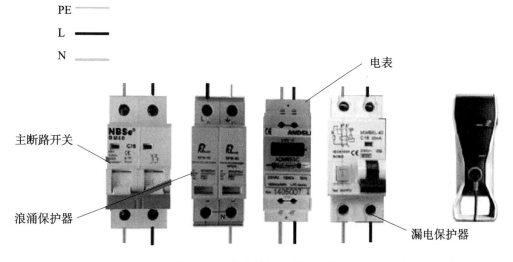

图 2-28　完成单相充电桩连线

单元三　交流充电桩的安装施工及验收

 学习目标

1. 能根据实际安装环境及安装方案,正确完成现场安装施工;
2. 能按照要求及现场环境,正确完成安装工程的验收;
3. 能根据装配要求,完成交流充电桩的安装方案。

 学习资源

类　别	序号	名　　称	数量和备注
学材、教材	1	充电桩安装记录的表单现场勘察及方案表	4人一组,每组一份
	2	备料清单及施工记录表	
	3	质量检查表	
实训设备	4	充电桩安装工具(具体清单见附录)	4人一组,每组一套
	5	充电桩安装电气零部件(具体清单见附录)	
	6	挂墙式交流充电桩	4人一组,每组一个
	7	配电柜	
学习用品	8	牛皮纸、彩色大头笔	4人一组,每组一套
学习环境	9	分组教学场地	

 建议课时

20课时。

一、安装环境及警示标志

(一) 安装环境

充电桩和配电柜的位置选择,在条件允许的情况下,尽量靠近用电负荷中心,落地式配电柜的底部应抬高,高出地面的高度:室内不应低于50mm,室外不应低于200mm。其底座周围应采取封闭措施,并应能防止鼠、蛇类等小动物进入柜内。落地式的配电柜柜前操作通道不宜小于1.5m,挂壁式的配电柜柜前操作宽度不宜小于1m,装有电表的配电柜,其垂直偏差倾斜不应超过5°。

在安装配电柜和充电桩时应考虑温度、湿度、粉尘、气压、盐雾等。在充电桩的安装说明书或铭牌上应提供如下信息:

(1)电气参数:额定输入/输出电压、电流、频率、单相或三相。

(2)防护等级(IP等级)。

(3)其他必要声明的信息。

在环境温度和湿度没有特别声明的情况下,默认为室内使用的充电桩和配电柜的环境温度为-5~+40℃,室外使用的充电桩和配电柜的环境温度为-25~+40℃,相对湿度一般不超过90%,这样安装位置就要和加热器、散热器、蒸汽管、桑拿房等保持一定距离。同时需要考虑的另外一个因素就是安装位置的污染等级,一般室内非工厂企业的场所定义为污染等级2(一般情况仅有非导电性污染,但必须考虑到偶然由于凝露造成短暂的导电性);工厂企业的室内环境定义为污染等级3(有导电性污染,或由于预期的凝露使干燥的非导电性污染变为导电性);如果安装场所有持续的水汽,粉尘产生,如建筑工地,煤矿等就要定义为污染等级4(造成持久性的导电性污染,例如由于导电尘埃或雨雪所造成的污染)。安装环境的污染等级越高,要求的充电桩和配电柜的IP等级就越高。例如一个IP21的充电桩就不适合装在建筑工地或户外使用,因为建筑工地安装的电器至少需要IP4×。最后绝大多数充电桩和配电柜没有设计成防爆电器,所以充电桩和配电柜不能安装在加油站或加气站的危险区域。

防尘防水保护等级用IP××表示,其中的××为数字,其含义见表3-1。

IP 防护等级中数字的含义　　表3-1

保护等级代号IP□×	第一位数字的含义: 防止外界固体异物侵入等级	保护等级代号IP×□	第二位数字的含义: 防水等级
IP0×	没有防护,对外界的人或物无特殊防护	IP×0	没有防护,对外界的人或物无特殊防护
IP1×	防止大于50mm的固体物体侵入,防止人体(如手掌)因意外而接触到器具内部的零件。防止较大尺寸(直径大于50mm)的外物侵入	IP×1	防止滴水侵入,垂直滴下的水滴(如凝结水)对器具不会造成有害影响

续上表

保护等级代号IP□×	第一位数字的含义：防止外界固体异物侵入等级	保护等级代号IP×□	第二位数字的含义：防水等级
IP2×	防止大于12mm的固体物体侵入，如防止人的手指接触到器具内部的零件，防止中等尺寸（直径大12mm）的外物侵入	IP×2	倾斜15°时仍可防止滴水侵入，当器具由垂直倾斜至15°时，滴水对器具不会造成有害影响
IP3×	防止大于2.5mm的固体物体侵入，防止直径或厚度大于2.5mm的工具、电线或类似的细小外物侵入而接触到器具内部的零件	IP×3	防止喷洒的水侵入，防雨或防止与垂直的夹角小于60°的方向所喷洒的水进入器具造成损害
IP4×	防止大于1.0mm的固体物体侵入，防止直径或厚度大于1.0mm的工具、电线或类似的细小外物侵入而接触到器具内部的零件	IP×4	防止飞溅的水侵入，防止各方向飞溅而来的水进入器具造成损害
IP5×	防尘，完全防止外物侵入，虽不能完全防止灰尘进入，但侵入的灰尘量并不会影响器具的正常工作	IP×5	防止喷射的水侵入，防止来自各方向由喷嘴射出的水进入器具造成损害
IP6×	防尘，完全防止外物侵入，且可完全防止灰尘进入	IP×6	防止大浪的侵入，装设于甲板上的器具，防止因大浪的侵袭而进入造成损坏
		IP×7	防止浸水时水的侵入，器具浸在水中一定时间或水压在一定的标准以下能确保不因进水而造成损坏
		IP×8	防止沉没时水的侵入，器具无限期的沉没在指定水压的状况下，能确保不因进水而造成损坏

根据IEC的要求，室内使用的充电设备IP等级不小于IP21，国标为IP32；室外使用的充电设备IEC要求IP等级不小于IP44，国标为IP54。

(二) 充电桩的安装位置

充电设备在停车空间的安装位置应使充电设备和电动汽车的充电接口保持最近，这样可以使充电电缆气遭拉力，同时也可避免使用延长线（充电桩的供电严禁使用延长线）。

当充电设备用于多种电动汽车的充电或用于充电的电动汽车类型还未确定,充电设备宜安装在停车位的一个角落来达到最短的连线距离。这是因为电动汽车的充电接口的位置现在还未标准化,有些在汽车的前端,有些在后端,有些在左侧,有些在右侧。充电桩的安装高度应避免和电动汽车的剐蹭。

另外电线及接头的挂钩高度要求在 0.4～1.5m 之间,控制开关和插座要求高度在 0.75～1.2m 之间。这样便于残疾人士操作,如图 3-1 所示。

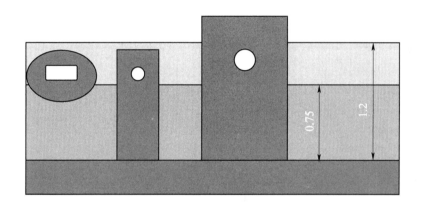

图 3-1　充电设备的操作装置位置示意图(尺寸单位:m)

(三) 警示标志

充电桩安装完成后应贴好相应的安全警示标志。

(1)配电柜上应有警示标志,警示存在电气危险,严禁非专业人员操作维护,如图 3-2 所示。

(2)配电柜内的带电部分应有闪电标识,提醒操作者在箱内开关断开时,仍然带电的部位,如图 3-3 所示。

图 3-2　配电柜外部警示标志　　图 3-3　配电柜内部警示标志

二、安全施工技术要求

(一)操作人员的培训

安装人员必须经过培训后才能上岗,培训的内容应包含电气基本知识、电气安全知识培训、充电桩安装流程培训、触电急救及紧急处理培训等。新进员工应在有经验的老员工现场指导下安装,积累了一定的操作经验后才能独立安装。

(二)断电操作

只要条件允许,充电桩的安装应在断电条件下进行。断电操作时(图3-4),必须注意以下四点:

图3-4 隔离开关的断电操作

(1)完全断电。

完全断电要求安装的这一部分和所有电源都断开,而且不仅仅断开,还要求有一定的空气间隙或等效绝缘,确保断开的这点不会电气失效(使用隔离标志的断路器可认为达到这一要求)。

(2)有效防止再通电。

为了电气安装安全操作,用于断电的所有开关装置必须可靠地断开并防止再闭合,最好是配置锁定机械操作机构。如果没有锁定装置,应采取等效的禁闭合措施,来确保再通电,如在相关位置放置禁止非授权操作的警示牌。

(3)确保断电。

电气安装点及工作场所附近的所有相线和电极必须确保断电,断电状态的验证包括低压测电笔、万用表等。低压测电笔和万用表在测试前必须检验,如有可能,测试后也要检验。无论什么情况,只要安装工作中断,或安装工作组离开工作场所导致不能连续掌控电气安装,在安装工作重新恢复前,断电必须再次验证。

(4)邻近带电体的防触电保护。

如电气安装附近的带电体不能断电,在工作开始时需要采取特殊的额外措施。如设置警示标志、设置防护栏、使用个人防护装置等(绝缘手套、绝缘鞋、绝缘工具等)。

(三)操作中的个人防护及工具配备

在安装操作时,应全神贯注,严禁疲劳操作、酒后操作或其他有碍于集中注意力的安装操作。在使用冲击电钻或电锤时,应佩戴防护眼镜,必要时还应考虑佩戴硬质工作帽(图3-5),防滑工作鞋(图3-6),防尘面罩及防噪声耳塞等,使操作时的意外事故发生的可能性降到最低点。

图3-5 硬质工作帽　　　　　　　图3-6 绝缘工作鞋

同时为安全完成施工,必须配备工具箱见表3-2。

充电桩安装工具箱　　　　　　　　　　表3-2

类别	名　　称	图　　示	用　　途
制备导线的工具	电工刀		绝缘护套的剥离
	剥线钳		绝缘层的剥离
	压线钳		接线端子的压接
	尖嘴钳		导线端部的制备
	钢丝钳		导线的切割
	斜口钳		导线的切割
	电工绝缘胶带		制作绝缘保护层

续上表

类　别	名　称	图　示	用　途
安装工具	各种螺丝刀		部件安装或端子接线
	各种扳手		部件安装或端子接线
	电钻		部件安装或端子接线
	电锤/冲击钻		部件安装
	电圆锯		管材的切割
	锤子		部件安装
电工测量仪器	低压测电笔		识别带电体
	万用表		测量电压/电流/电阻等

续上表

类 别	名 称	图 示	用 途
电工测量仪器	钳形表		测量电流
	安全测试仪		测量电器安全性能
	电气安装测试仪		电气安装安全性能

注:在使用测量工具以前,要确保在计量有效期之内。

(四)配电柜安全管理

所有配电柜应配锁,配电柜应指定电工负责管理,所有配电柜应每月进行检查。检查人员必须是专业电工。配电柜检查还包括检查接线端子是否松动,通过漏电保护器的检验按钮来检验漏电保护装置是否功能正常。

配电柜内不得放置任何杂物,并应保持经常维护和清洁。配电柜不得挂接其他临时用电设备。配电柜的进线和出线不得承受外力,不得与尖锐金属和强腐蚀介质接触。

三、施工验收

(一)记录

(1)电工在安装充电桩及配电的过程中,应确认施工方案的信息和实际安装的情况相一致,并应有相应的记录。一旦发现有信息不符的情况或进料有缺陷,应立刻停止作业,并及时通知施工负责人,等待整改方案。

(2)电工的安装记录主要记录进料,是否和备料清单一致;检查进料是否完整,有没有损坏,功能是否正常。

(3)安装结束后,需要和施工方案进行比较,特别是电气接线图必须和施工方案的电气设计图一致,导线的连接是否可靠,配电柜中带机械操作机构的部件,需要检查功能是否正常。另外需要测试相线和地线之间,相线和相线之间的绝缘电阻,用500V或以上的绝缘电阻表在断电的条件下测量,要求绝缘电阻不能小于1MΩ。

(二)验收

竣工验收是指安装工程施工完成后,施工单位自行组织技术人员进行检查,根据相关标准,以书面的形式对安装质量评估。安装质量应按照下列项目并按相关章节的要求进行验收:

验收项目包括:

(1)零部件配置。

(2)导线的截面积检查。

(3)防触电保护检查。

(4)接地连接检查。

(5)内部元器件安装及连线检查。

(6)导线布线和保护。

(7)电气零部件机械操作检查。

(8)功能操作检查(充电桩厂家说明书)。

(9)警示标志检查。

(10)充电装和配电柜的安装环境的检查。

四、安装实例

(一)安装流程

1. 记录

(1)记录完整的用户信息和物业信息,在安装和以后的维护、改建、迁移等可能会用到这些信息。

(2)记录完整的充电桩的信息,根据充电桩的电气参数的信息,可以基本确定导线的规格,电能表及保护电器额定参数。

(3)勘察并记录充电桩上游配电情况和取电位置,根据这些信息可以确定配电容量,上游短路、过载和漏电的保护是否满足充电桩的要求,另外取电位置决定了如何走线和布线方式。

(4)勘察并记录安装环境,根据这些信息可以判断充电桩和配电柜的环境设计是否符合实际安装环境的要求,是否须要额外的防护措施。

2. 设计方案

施工方根据记录的信息,设计布线方案,确定安装零部件的参数及数量,确定导线的规格和长度,确定布线的敷设材料及数量,绘制电气原理图,并在表格中体现。

3. 方案确认。

物业和业主根据施工方的方案进行讨论,一旦同意,即可确定实施施工日期。

4. 现场勘察。

某商业大厦地下一层30号车位申请安装充电桩,充电桩型号为AWE30220AEM,230V~,16A,单相50Hz,功率因数>0.9;1类电器,IP55,质量4kg,外形尺寸350mm×400mm×126mm。

根据实地勘察,30号车位距离地下车库的配电房距离不超过20m,并且可以利用原来的桥架从配电房引出电缆,沿墙敷设走线槽至30车位后面靠墙的位置。同时安装位置的环境属于一般环境,没有高温,高湿,多尘的现象,IP55满足安装的环境要求。

施工方提出布线方案和安装位置,得到物业和业主的同意后,绘制电气原理图,并根据电气原理图准备安装材料。

保护电器的选型和电线电缆的选择参见单元二。具体如下:

根据电气原理图(图3-7)确定电能表,SPD,RCD和断路器的参数,电缆的规格。

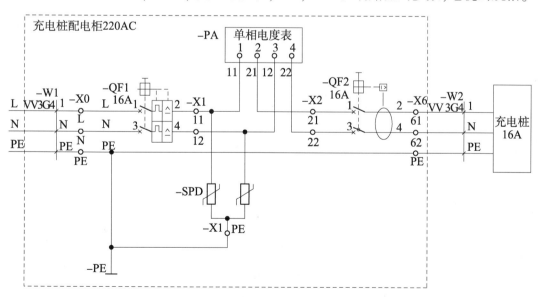

图3-7 单相充电桩安装电气原理图

(1)导线规格的确定。

地下车库配电房取电位置至充电桩安装位置走线不超过20m,充电桩单相电流 16A,功率因数 >0.9。根据设计方案和表 2-11 的表述,此布线方式属于表 2-11 中的敷设方式 4,属于布线类别 B2。设计采用 PVC 电缆,根据表 2-12 可知 30℃的环温,1.5mm² 截面积,满载流量为 16.5A,大于充电桩的额定电流 16A。但安装地点夏季最高温度可达 40℃,根据表 2-16 得知 PVC 电缆 40℃时的载流量是 30℃的 0.87 倍,故实际载流量为 16.5×0.87＝14.4A,小于 16A,所以 1.5mm² 不符合要求,固选用 2.5mm² 的电缆,它在 40℃时的载流量为 23×0.87＝20A,符合要求。

在通过电压降的计算公式(2-8),得出 20m 的电缆线通 16A 的电流,电压降不超过 5%,所以 PVC2.5mm² 的三芯电缆可以选用。

(2)保护器的确定。

测得取电处 L-N 的回路阻抗为 0.12Ω,预期短路电流为 1900A。故选取最大额定短路电流为 6000A 的断路器可以满足要求。同时额定 16A 的断路器满足公式 $I_b \leq I_n \leq I_z$ 及 $I_2 \leq 1.45 I_z$ 的要求(参见单元二)。在接地故障保护方面,由于采用了瞬动型漏电保护器,不必多考虑电源切断的时间。

所有记录填入勘查记录表(表 3-3)中。

勘 查 记 录 表　　　　　　　　　　表 3-3

_____充电桩查活记录单

　　　　　　　　　　　　　　　年　　月　　日

查活任务下达人：　　　　联系电话：　　　　下达日期：
用户地址：
(1)安装地点及由电源点照片：

安装点照片:另附页	电源点照片:另附页
地下车库:□　位于_____层;车位_____号	地下电源:□　位置_____
露天车位:□　地址_____	露天电源:□　位置_____
私人车库:□　位置_____	私人电源:□　位置_____

(2)现场情况：
　　电源点:供电局 □　　　物业 □　　　用户 □
　　供电局:配电室 □　编号：_____　变压器(配电线路) □　编号：_____
　　　　　使用原因：_____
　　物　业:主空开额定电流：_____A(参考标准:不小于_____A);
　　　　　备用空开额定电流：_____A(参考标准:不小于_____A);
　　　　　线电压:A-B_____V、B-C_____V、A-C_____V;
　　　　　相电压:A-N_____V、B-N_____V、C-N_____V;
　　用　户:主空开额定电流：_____A(参考标准:不小于_____A);

续上表

　　　　备用空开额定电流：_____A(参考标准：不小于_____A)；
　　　　进线线径：_____mm²(参考标准：不小于_____mm²)。
(3)主要工作量：
　　_____
　　_____
(4)电缆敷设方式：
　　直埋 □ 长度_____m；架空 □ 长度_____m；桥架 □ 长度_____m；穿管 □ 长度_____m；
　　总长度：_____m(参考标准：不长于_____m)；电缆型号：_____mm²。
　　用户购车充电类型_____。
(5)联系方式：
　　客户联系人姓名_____　　　　联系电话_____；
　　物业联系人姓名_____　　　　联系电话_____；
　　查活负责人姓名_____　　　　联系电话_____；
(6)用户(物业)意见及其他需要说明情况：
　　_____
　　_____
(7)安装调查确认：通过此次调查，我确认对以上所填事项都已知晓。
　　经销商(签字)：_____ 日期：_____ 物业人员(签字)：_____ 日期：_____
　　用　户(签字)：_____ 日期：_____ 查活人员(签字)：_____ 日期：_____

5.备料清单及施工记录

施工前，应对来料的实样和方案表中的零部件的设计参数和型号再次确认，一旦发现有不一致的地方或来料有影响安全和性能的现象，应立刻通知项目负责人并记录在表3-4中，等待整改方案。

备料清单及施工记录表　　　　　　　　　　　　　　　表3-4

部件名称	型号	参数	数量(个或m)	现场检验材料的质量和数量(Y/N)	备注
外部电缆					
内部导线					
漏电保护器					
过流保护器					
电能表					
敷设管材					
……					
电气原理图：					
施工人员：				日期：	

注：Y代表材料质量和数量符合要求，N代表材料质量和数量不符合要求。

6. 质量检查

根据规范的要求,对整个充电桩的安装进行目测检验和使用仪器测量,并将检验结果填入表3-5中。在安装检验通过后,进行实际通电操作。

充电桩安装质量检查表 表3-5

项　　目	验收质量要求	检查结果(Y/N)	备　　注
电器,线材	低压电器(如断路器、漏电保护器、电能表、浪涌保护器)、导线等;规格、参数、产品标准符合充电桩的安装要求及产品安全标准(目测)		核对材料清单
防触电保护	安装后的电气装置在正常操作时,和正常维护时,应有防止直接接触危险带电体的措施,外观上没有有损安全的瑕疵。(目测)		
电线,电缆	电线,电缆的载流量,电压降是否符合要求(目测)		核对设计数据
低压保护电器	连接是否符合标准的要求(目测)		
电气连接	导线之间,导线和电器之间的连接是否良好,可靠。导线颜色和导线标号是否符合要求(目测)		
接地连接	接地线是否是黄绿色,是否有接地标志,是否有防松措施(目测)		
警示标志	是否设置了必要的诸如"电气危险"的标志(目测)		
安装记录	是否制作了电气配置图,复杂电路各个接线端子的标示(目测)		
安装环境	充电桩和配电设备的安装环境是否符合厂家设计的环境要求(目测)		
安装空间	充电桩和配电设备是否足够的散热空间(目测)		
安装位置	充电桩安装位置距离电动汽车的充电口,是否符合充电电缆的连接要求,并且不易被汽车剐蹭(目测)		
接地连续性	4~24V,≥0.2A,<2Ω(接地电阻仪)		

续上表

项 目	验收质量要求	检查结果(Y/N)	备 注
绝缘电阻	500V,≥1MΩ（绝缘电阻仪）		
RCD动作有效性	RCD是否有效动作（操作测试键）		
充电桩的测试	充电功能是否正常（操作）		
检验人员：		检验日期：	

注：Y表示符合要求，N表示不符合要求。

7. 验收及培训

施工方及用户进行工程验收，并给用户简单的使用培训和基本的安全操作注意事项培训，并完成表3-6的填写，进行用户确认。

充电终端设备安装调试验收单　　　　表3-6

工程名称		工程编号	
工程地址			

1. 施工内容

(1) 安装充电桩＿＿＿＿＿＿台。

(2) 安装单项表箱＿＿＿＿＿＿个。规格型号：□ 户内　□ 户外；

(3) 安装单项电表＿＿＿＿＿＿具。规格型号：＿＿＿＿＿＿A；

(4) 安装断路器＿＿＿＿＿＿个。规格型号：＿＿＿＿＿＿A；

(5) 安装漏电开关＿＿＿＿＿＿个。规格型号：＿＿＿＿＿＿A；

(6) 敷设电缆(型号)＿＿＿＿＿＿mm²＿＿＿＿＿＿m；敷设方式＿＿＿＿＿＿；

(7) 开挖电缆沟＿＿＿＿＿＿m，尺寸＿＿＿＿＿＿，路面原貌＿＿＿＿＿＿；

(8) 安装钢管＿＿＿＿＿＿m；

(9) 其他：

＿＿＿＿＿＿＿＿＿＿＿＿＿＿＿＿＿＿＿＿＿＿＿＿＿＿＿＿＿＿＿＿＿＿＿；

＿＿＿＿＿＿＿＿＿＿＿＿＿＿＿＿＿＿＿＿＿＿＿＿＿＿＿＿＿＿＿＿＿＿＿；

＿＿＿＿＿＿＿＿＿＿＿＿＿＿＿＿＿＿＿＿＿＿＿＿＿＿＿＿＿＿＿＿＿＿＿。

安 装 示 意 图

续上表

2. 调试检查内容

(1) 充电设备检查:

①检查充电桩外观是否完好,将充电桩内主空开断开,检查充电桩内部主回路紧固件是否紧固到位。……………………………………………………………………………………□是 □否

②检查充电桩内所有接插部位是否都接插到位。………………………………□是 □否

③设备上电:闭合桩内主空开,检查电源指示灯是否正常。……………………□是 □否

④测量桩内主空开上口供电电压_____V是否正常。………………………□是 □否

⑤充电桩功能测试:

功能项目	工作情况是否正常	功能项目	工作情况是否正常
运行指示灯	□是 □否	接入指示灯	□是 □否
电度表通信	□是 □否	集中器通信	□是 □否

(2) 进线电缆检查:

①外观检查:外观良好,无损伤绝缘无破损。……………………………□合格 □不合格

②电缆敷设要满足规范要求:电缆弯曲度不得小于电缆允许的最小弯曲半径,穿墙、跨越通道应走桥架或穿电缆保护管,外皮不得破损。……………………………………………□合格 □不合格

③线管应连接紧密,管口光滑,护口齐全;明配管与支吊架应排列整齐,固定平直牢固,管子弯曲处无皱折。……………………………………………………………………………□合格 □不合格

④电缆头检查:绝缘处理良好,端子压接紧固、无松动。电缆接头及接触面应当满足要求。………………………………………………………………………………………………□合格 □不合格

⑤绝缘检查:使用500V摇表测量绝缘电阻,相间及相对地绝缘电阻不得小于5MΩ。电缆绝缘电阻测量:_____MΩ。…………………………………………………………………□合格 □不合格

⑥相位检查:用仪表检测相位正确。………………………………………□正确 □不正确

3. 现场培训内容

(1) 桩体检查(查看桩体外观是否有异常破损、交流充电桩插口是否有异物堵塞)。

(2) 闭合充电桩空开开关,电源指示灯亮。

(3) 将充电枪依照枪型插接好车辆自身的充电口和电桩充电接口,充电桩上的连接指示灯亮。

(4) 按下启动按钮进行充电,充电指示灯亮。

(5) 使用中注意安全。

(6) 其他:

_____;

_____;

_____。

施工日期: 施工人数: 安装时间:

续上表

安装负责人(签字): 日　　期:	调试负责人(签字): 日　　期:
针对以上施工、调试、培训内容予以确认,设备安装无问题,能够正常使用。客户确认已接受上述现场培训内容。 　　　　　　　　　　　　　　　　　　　　　　　签字: 　　　　　　　　　　　　　　　　　　　　　　　日期:	

(二)室内充电桩安装案例

1. 工程概况

(1)安装车型:Tesla Model X。

(2)充电桩规格:

输入:230~415V,50/60Hz,32A,三相交流。

输出:230~415V,50/60Hz,32A,三相交流。

保护等级:IP55,工作温度:−30℃~50℃。

(3)安装位置:地下停车场。

(4)现场勘察结果:现场的电力系统为TN-S三相五线制。安装环境属于正常一般环境,IP55保护等级现场防尘防水满足要求。现场可以采用PVC电缆从配电房利用原来的桥架引出至车位前,然后穿管至车位后面靠墙,并沿墙向下敷设至充电桩安装位置(充电桩底部距离地面约1m)。该距离走线共为25m,如图3-8所示。

2. 制订工程方案

(1)确定布线方案。

设计采用PVC电缆。部分电缆利用桥架敷设,另一部分穿管敷设。属于安装方式4、敷设方式类别B2。

(2)确定导线载流量。

①初定导线面积。

图3-8 室内充电桩安装

充电桩三相电流32A,根据表2-13可知30℃的环境温度,初步采用6mm²截面积导线的电缆。该截面积的PVC电缆,采用B2方式时满载流量为34A,大于充电桩的额定电流32A。但安装地点夏季最高温度可达40℃,根据表2-16得知PVC电缆40℃时的载流量是30℃的0.87倍,故实际载流量为34×0.87=29.58A,小于32A,所以6mm²不符合要求。

改选用截面积为10mm²电缆时,它在40℃时的载流量为46A×0.87=40.02A,符合要求。

②验证电压降是否符合要求。

因充电桩规格上没有标明功率因数,因此取缺省值为0.8;当10mm²电缆敷设25m时,计算得出电压降为1.48V,约0.39%,符合表2-17的要求。

③选择零线与PE线。

根据上述条件,选用截面积为10mm²零线。根据表2-18,PE线截面积选用10mm²。

④断路器选择。

公司统一选用C63,最大额定短路电流为6000A的三相断路器。符合$I_b \leq I_n \leq I_z$(32A≤40A≤40.02A)、$I_2 \leq 1.45 I_z$(58A≤58.029A)的要求。

⑤漏电保护开关选择。

选用C40三相漏电保护开关,在接地故障保护方面,由于采用了瞬动型漏电保护器,不必多考虑电源切断的时间。

⑥电表的选择。

小区统一采用DTSK71-J型三相四线电子式费控电能表,规格为:3×220/380V,3×5(80)A,符合安装要求。

⑦浪涌保护器的选择。

选择T2型,380V 4P 40kA的浪涌保护器。

施工方提出布线方案和安装位置,得到物业和业主的同意后,绘制电气安装原理图,并根据电气安装原理图(图3-9)准备安装材料。

(三)室外充电桩安装案例

1.充电桩室外安装的特殊要求

(1)电气布线的要求。

①配电线路的敷设。

电缆室外敷设的方法:电缆室外敷设的方法很多,直埋敷设、排管内敷设、电缆沟或电缆隧道敷设等。由于充电桩的电缆敷设目前多是在已有的电气装置的基础上添加或改造，不是全新的土建项目，电缆直接埋地敷设因施工简单、造价低、散热好，已成为应用最广泛的敷设方法。

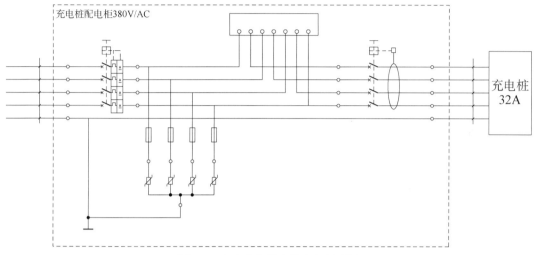

图 3-9　室内充电桩安装电气原理图

②电缆直埋敷设的要求。

直埋电缆宜采用有外护套的铠装电缆，在无机械损伤可能的场所，也可采用塑料护套的电缆，没有护套的绝缘导线不允许直埋敷设。

如果在直埋电缆线路路径上，存在可能使电缆受机械损伤、化学作用、振动、热影响、腐殖物质、鼠害等危险地段，应采取保护措施，如加保护管。

a. 挖掘要求。

电缆直接埋地敷设时，沿同一路径敷设的电缆不宜超过 6 根。电缆沟挖掘时，应沿勘察测量画出的线标进行挖掘，深度不应小于 0.8m，当直接埋在农田时，深度不应小于 1m，如图 3-10 所示。

b. 埋设要求。

沟挖好后应沿线检查，特别是转角、交叉、隔热、深宽等，合格后将细砂铺于沟内，厚度宜为 100mm，砂子中不得有石块、锋利物和其他杂物。然后将电缆展放于沟内，当电缆全部展放于沟后，应沿线检查和整理，清理沟内不得有的杂物，电缆在沟内应有一些波形余量，以防冬季冷却伸直。当多根电缆在同一沟内敷设时应排列整齐。

c. 回填要求。

埋设完成后，在电缆上面盖一层细砂，要求通上，厚度为 100mm，然后在砂层上覆盖混凝土保护板等保护层，保护层宽度应超出电缆两侧 50mm。沟内回填土应分层填好并夯实,覆土要高出地面150~200mm。直埋电缆在直线段每隔50~100m处、电缆接头、转弯处、进入建筑物处等,应设置明显的方位标志和标桩。

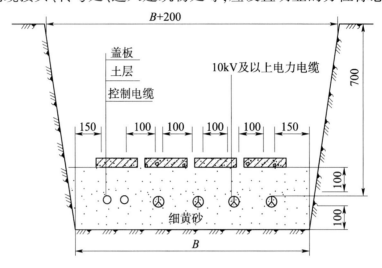

图3-10 电缆沟尺寸示意图(尺寸单位:mm)

在寒冷地区,屋外直接埋地敷设的电缆应埋设于冻土层以下。当条件限制不能深埋时,应有防止电缆受损伤的措施。

d. 和其他管路或设施距离的要求。

电缆之间,电缆和其他管道,设施平行或交叉时的最小距离应符合表3-7的规定,严禁将电缆平行敷设于管路的上面或下面。

电缆之间,电缆和管道及其他设施之间的最小净距离　　表3-7

项　目		最小净距离(m)	
		平行	交叉
电力电缆间及其与控制电缆间	10kV及以下	0.10	0.50
	10kV及以上		
控制电缆间		—	0.50
不同使用部门的电缆间		0.50	0.50
热管道及热力设备		2.00	0.50
油管道		1.00	0.50
可燃气体及易燃液体管道		1.00	0.50
其他管道		0.50	0.50
电杆基础(边线)		1.00	—
建筑物基础(边线)		0.60	—
排水沟		1.00	0.50

③电缆在保护管内的敷设的要求。

当电缆可能受到机械损伤的地方,如道路、公路交叉时应敷设在保护管内以免受到机械损伤,通常使用的电缆保护管有:钢管、铸铁管、混凝土管、石棉水泥管,硬质聚氯乙烯塑料管等。

以下地点需要敷设具有一定强度的保护管来保护电缆,穿管直径不应小于电缆外径的1.5倍。

a.电缆通过建筑物的基础、散水坡、楼板和墙体。

b.电缆引出地面2m至地下200mm处的部分。

c.电缆与道路交叉时。

d.电缆与地下管道接近和交叉时的距离不能满足相关要求时。

e.其他可能受到机械损伤的地方。

f.电缆管暗敷时,埋设深度不应小于0.7m;人行道下面敷设时,深度不应小于0.5m。

(2)户外安装充电桩的特殊要求。

当电动汽车充电设备由TN-C-S的供电系统提供电力,那么充电桩采用接地方式和保护连接的方式需要遵循以下原则:

①充电桩安装于建筑物外墙上,并直接由该建筑物内部电源供电,且有措施使电动汽车充电时停靠位置距建筑外墙不超过20m,其接地方式应与该建筑配电系统的接地方式相一致。

②充电桩安装在建筑物外,距建筑外墙20m以内,并直接由该建筑物内部电源供电,且有措施使电动汽车充电时停靠位置距建筑外墙不超过20m,其接地方式可以与该建筑配电系统的接地方式相一致。

③充电桩安装在建筑物外,并直接由该建筑物内部电源供电,或距建筑外墙20m以外,或无措施使电动汽车充电时停靠位置距建筑外墙不超过20m,其接地方式宜采用TT接地系统,即将全部外露可导电部分连接后直接接地。

2.安装实例

(1)工程概况。

①安装位置:小区室外停车场。

②充电桩型号:DH-AC0070SS02。

③充电桩规格:

额定功率:7kW;

输入电压:AC220V±15%;

输入模式:单相三线制;

输出电压:AC220V;

输出电流:0~32A;

保护等级:IP54。

④现场勘察结果:现场的电力系统为TN-S三相五线制,安装环境属于正常一般室外环境,IP54保护等级现场防尘防水满足要求。电动汽车充电时停靠位置距建筑外墙不超过20m。现场采用电缆从配电房,穿管后通过直埋敷设的方法,连接到室外有顶的配电箱外;再通过直埋敷设的方法,连接到车位上的立式充电桩上。走线距离不超过20m。

(2)确定布线方案。

经过现场勘察决定,电缆从配电房,穿管后通过直埋敷设的方法,连接到室外有顶的配电箱外;再通过直埋敷设的方法,连接到立式充电桩上。布线类别属于D1。

(3)确定导线载流量。

①初定导线面积。

充电桩为单相220V,额定电流32A,根据表2-13可知30℃的环温,初步选择4mm² 截面积的导线,采用D1方式满载流量为37A,大于充电桩的额定电流32A。安装地点夏季最高温度可达40℃,根据表2-16得知PVC电缆40℃时的载流量是30℃的0.87倍,故实际载流量为37×0.87=32.19A,大于32A,符合要求。

②验证电压降。

因充电桩规格上没有标明功率因数,因此取缺省值为0.8;当4mm²电缆敷设距离为20m时,电压降为5.82V,约2.65%,符合表2-17的要求。

③选择零线与PE线。

根据上述条件,选用4mm²零线。根据表2-18,PE线面积选用4mm²。

④断路器选择。

选用C40,最大额定短路电流为6000A的单相断路器。符合$I_b \leq I_n \leq I_z$、$I_2 \leq 1.45I_z$的要求。

⑤漏电保护选择。

选用C40单相漏电保护开关,在接地故障保护方面,由于采用了瞬动型漏电保护器,不必多考虑电源切断的时间。

⑥电表的选择。

小区统一采用 DTSK71-J 型三相四线电子式费控电能表,规格为:3×220/380V,3×5(80)A。符合要求。

⑦浪涌保护器的选择。

选择 T2 型,220V 2P 40KA 的浪涌保护器。

施工方提出布线方案和安装位置,得到物业和业主的同意后,绘制电气安装原理图,并根据电气安装原理图(图3-11)准备安装材料。

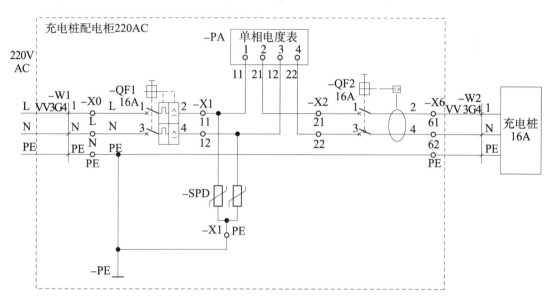

图 3-11 室外充电桩电气安装原理图

单元小结

(1)介绍了交流充电桩安装环境的要求及安装完成后警示标识张贴。

(2)学习了交流充电桩安装施工的安全要求、工量具的配备及的技术要求。

(3)介绍了安装完成后的验收要求。

(4)完成了施工过程的学习,包括勘查记录表、备料清单及施工记录表、质量检查表、安装调试验收单的填写。

(5)分别介绍了室内、室外充电桩的安装的实例,以及室外充电桩安装的一些特殊要求。

技能训练

请根据老师给出的环境参数及材料,完成交流充电桩的安装技能训练,按照以下步骤完成操作并记录,也可根据附录1《新能源汽车交流充电桩快速安装流程》进行操作。

(一) 准备阶段:制订方案

步骤1:确定即将安装的断路器属于哪种类型并记录。　　　　　(5分)

步骤2:确定即将安装的漏电保护器属于哪种类型并记录。　　　(5分)

步骤3:估算外部导线的敷设长度并根据导线长度确定导线截面积,导线长度导致的电压降不宜超过多少?　　　　　　　　　　　　　　(5分)

步骤4:确定即将安装的浪涌保护器属于哪种类型并记录。　　　(5分)

步骤5:准备端子排,线标,电能表,内部导线,警告标识。　　　(10分)

步骤6:识读室外充电桩电气安装原理图(图3-11),并写出图中代号的含义。　　　　　　　　　　　　　　　　　　　　　　　　　　(5分)

QF:_____　　　SPD:_____。

PE:_____　　　PA:_____。

步骤7:根据方案和电气图,借助《备料清单及现场记录表》准备材料和元器件。　　　　　　　　　　　　　　　　　　　　　　　　　　　　(5分)

(二)施工阶段:内部电气布线和固定

步骤1:设计电气元器件在配电柜内的整体布局;根据电气连接图,确定电气元器件安装在配电柜内的具体位置。　　　　　　　　　　　(5分)

步骤2:依据外部导线线径和内部接线总体布局确定进线孔和出线孔的位置和尺寸并开孔。　　　　　　　　　　　　　　　　　　　　　(5分)

步骤3:在安装底板上安装走线槽和安装导轨。　　　　　　(5分)

步骤4:在元器件,接线端子和安装底板上贴上相应代码标识。　　　(5分)

步骤5:在安装导轨上固定安装元器件和接线端子。　　　(5分)

步骤6:给内部导线装上线标。　　　(5分)

步骤7:连线固定。

(1)保证导线与元器件、接线端子紧固连接,端子的拧紧力矩至少保证1.2N·m。　　　(5分)

(2)接地连接并记录配电柜外壳接地点部件的安装顺序。　　　(10分)

步骤8：固定安装底板。将连线完成的安装底板放入配电柜内，并固定。

(5分)

步骤9：安装密封螺栓。内外部连线时，安装密封螺栓，以满足IP等级的要求。

(5分)

步骤10：贴上警示标志。内部布线完成后，在必要的位置贴上警示标志。

(5分)

单元四　充电桩的维护

 学习目标

1. 能够准确地列出充电桩日常巡检内容和日常维护项目,并制订方案;
2. 能够根据充电桩行业安全操作规范和制订的方案,通过小组合作的方式,对充电桩开展日常巡检及维护工作;
3. 能够按照《充电桩保养手册》的要求,规范地填写充电桩巡检记录表和日常维护检查表。

 学习资源

类　别	序号	名　　称	数量和备注
学材、教材	1	充电桩巡检记录表	4人一组,每组一份
	2	充电桩日常维护检查表	
	3	充电桩维护物品清单	
实训设备	4	充电桩维护常用工具	4人一组,每组一套
	5	充电桩维护物料耗材	
	6	挂墙式交流充电桩	4人一组,每组一个
	7	配电柜	
学习用品	8	牛皮纸、彩色大头笔	4人一组,每组一套
学习环境	9	分组教学场地	

 建议课时

10课时

一、充电桩日常巡检

1. 充电桩的检查方法

在检查设备情况时,一般采用直接感觉诊断法来进行故障诊断,概括起来可分为:问、看、听、闻、摸、试。

(1)看:观察。如看充电桩指示灯颜色,充电桩配电柜指示灯状态等。

观察充电桩指示灯是否正常:

黄灯——充电时亮,充电停止后灭。

绿灯——电源灯,设备上电后长亮。

红灯——故障时亮,正常工作时灭。

(2)听:听响声,根据充电桩工作时内部继电器声音来判断充电桩是否正常。

(3)闻:凭借充电桩内部发出的气味来诊断。

(4)摸:用手摸试。如充电桩表面有无温度过高现象,内部有无水汽凝结现象。

(5)试:试验验证。如按下充电桩内部断路器漏电测试按钮,断路器是否能够自动断开等。

2. 充电桩的巡检内容

(1)充电车位环境检查。

①检查充电车位清洁情况,有无杂物如图4-1所示。

图4-1 检查充电桩周围环境

②照明情况是否良好,有无应急照明。

③充电桩表面、充电桩上有无异物。

④检查充电桩供电及通信线管道或桥架连接是否良好,有无断裂情况。

⑤检查充电位消防设施(是否配备有用 ABC 通用型灭火器或者二氧化碳灭火器,严禁使用水和泡沫灭火器灭火),充电位的消防设施应齐全。

⑥有无应急消防操作指导。

⑦核对充电桩运行维护记录,了解机组运行维护状况。

(2)充电桩整体状况检查。

①检查充电桩底座是否有损坏,裂痕,倾斜现象。

②检查充电桩本身及布线管道或桥架各部件的安装情况,各附件安装的稳固程度,及固定膨胀螺栓相连是否牢靠。

③检查充电桩固定情况,有无脱落、晃动现象。

④检查充电枪是否脱落,枪头是否插在枪位内,充电桩内部及枪头内部有无残留水。

⑤检查充电桩进线接线端子、通信线接线端子有无松动、烧黑;检查充电桩内部元器件安装是否牢靠,有无损伤,有无脱落。

⑥充电桩电缆布线合理,使用软线连接,各接线端子连接紧密无松动。

⑦充电桩内接地端子标有明显的标志,并接地良好。

(3)充电桩配电柜的检查。

①配电柜柜门是否上锁;柜体上电源指示灯是否正常;配电柜是否掉落、倾斜;配电柜表面和内部是否有水气,如图4-2所示。

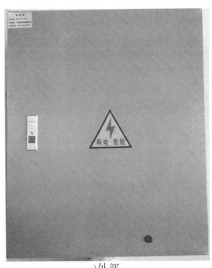
a)外部

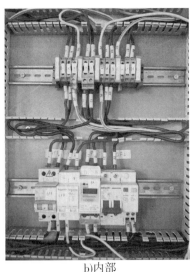
b)内部

图4-2　检查配电柜外部和内部情况

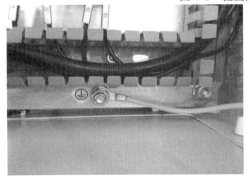

图4-3　检查配电柜断路器接线端子情况

②配电柜内部是否安装防护网,柜门与柜体之间是否可靠接地。

③配电柜上方桥架是否松动,桥架盖板有无脱落现象。

④配电柜内部断路器接线端子是否有烧毁、烧黑现象,如图4-3所示。配电柜内部电流互感器、铜排、接线端子是否有烧毁、烧黑现象。

⑤断路器下方至充电桩配线是否排列整齐,线缆有无松动现象。

⑥配电柜内部接地铜排上接地线是否有松动,是否牢靠。

(4)充电桩功能检查。

使用用户卡对每一台充电桩进行功能性检查。

①充电桩是否供电,指示灯是否亮起。

②充电桩显示屏是否亮起,如图4-4所示。

③检查刷卡器是否能够正常刷卡。

④分别依次选择各种充电模式,检查各种模式是否能都够正常使用。

⑤检查充电接口是否能够使用。

(5)外观安全检查。

①充电桩是否破损,变形,掉落。

②充电枪接口防护罩是否脱落。

③充电桩充电接口防水保护罩是否掉落,破损。

图4-4 充电桩显示屏正常亮起

④充电桩门锁是否损坏,柜门是否关闭。

⑤充电桩内部接地线是否脱落、松动,断路器、防雷器外观是否有损伤。

⑥充电桩内部是否有异味,有烧糊、黑色灰尘。

⑦充电桩内部电源、通信接线是否牢靠,有无松动。

⑧充电桩外部配电管道或桥架卡扣螺栓是否有松动,脱落。

(6)电气及控制系统检查。

①进线电缆和枪头的选用是否适合充电桩输入电压以及额定电流,检测线路时,必须关闭电源,用万用表的二极管档检测其防雷器、熔断器是否损坏。

②充电桩良好的接地,端子并有明显的标志。

③充电桩独立电气回路对地及回路间的绝缘电阻应不低于规定。

④电缆的接线端子是否连接紧密、牢固。

⑤充电桩配电电线及内部控制线有无老化。

⑥检查充电桩控制电路板,内部各个设备有无老化。

⑦检查充电桩供电端电压,对地电压,是否正常值范围。

⑧检查充电桩漏电电压、电流是否在正常值范围。

(7)按要求填写充电桩巡检记录表(见附录2)。

对以上所有项目巡检完毕后,应当按时按规范要求,严格填写充电桩巡检记录表(表4-1)。

充电桩巡检记录表(部分)　　　　表4-1

站点名称:		检查日期:	检查人:	
序号	检查内容	检查情况	发现问题	处理情况及遗留问题
1	充电桩指示灯功能是否正常	□是　□否		
2	计量计费功能是否正常、精准	□是　□否		
3	充电桩各种历史告警数据、故障数据是否存在异常	□是　□否		
4	充电桩各存储数据、后台管理软件的各种管理功能是否正常	□是　□否		
5	充电桩防雨棚是否完好	□是　□否		
…	…	…	…	…

二、充电桩日常维护

(一) 充电桩维护要求

1. 准备工具

维护人员应配备充电桩维护工具:万用表、钳形表、低压测电笔、绝缘胶布、螺丝刀、老虎钳、尖嘴钳、套筒、扳手等常用工具,如图4-5所示。

图4-5　充电桩维护常用工具

2. 分区域专人管理维护要求

各区域应指定专门人员进行管理维护,维护人员应了解客户(驾驶员)使用充电桩职责,充分掌握充电桩维护人员的职责。进行现场维护时一人维护操作,一人配合监督,严禁单人操作。

(1)客户(驾驶员)的维护职责。

①驾驶员将车驶入充电指定区域,停好后关闭车辆电源。

②驾驶员在操作充电桩的时候做到"三看一听"。

第一看充电桩是否在工作状态,如果不在工作状态,联系场站负责人;第二看充电枪枪头是否完善、无积水,如发现有水,切勿充电并联系技术人员;第三看充电桩是否进入充电状态。

一听,充电枪在插入车辆充电座的时候会有"咔嗒"的锁止声音。

具体操作步骤:检查充电桩是否正常工作→取下充电枪插入车辆充电座的时候会有"咔嗒"的锁止声音→取出该车充电卡,按充电桩充电提示刷卡进行(刷二次卡)→充电时严格禁止拔枪→充电结束时刷卡停止充电→做好此次充电登记(充电时间、数量、金额)→充电枪放入充电桩。

(2)充电桩维护人员职责。

每一个充电桩场地区域均配备有相应的维护人员,作为补充客户对充电桩维护作业的查漏补缺,该职责尤为重要,作为维护人员,应当做到以下几点:

①加强充电桩日常巡检制度,每日一检并登记造册,对各个充电桩的设备状态进行查看及汇总。

②充电桩维修记录表,对充电桩日常工作中出现的维修进行登记,并详细登记种类及维修情况。

③对充电桩的故障及时通知售后技术人员,并在完成维修的前后进行时间及反馈登记。

④负责一车一卡的充值,并做好每月每车用电量的数据统计。

(3)维护物品分类要求。

维护所使用的断路器、配电电缆等应按品牌、型号及存放仓库进行编号,并填入维护物品清单(表4-2)。电缆线应按三相与单相、长度、线规进行列表管理,并贴好相应长度与线规的标签。

充电桩维护物品清单 表4-2

序号	物品	参数(型号)	品牌	存放仓库	数量
1	断路器	Single phase,250V,I_n = 32A or 40A,C型,SC rating 大于3000A	西门子或施耐德	A3602	1
2	内部导线	6mm² 黑,浅蓝,黄绿各1卷	无	A3602	3
…	…	…	…	…	…
100	门接地导线	6mm² 黄绿色	无	A3602	1

(4)维护周期要求。

巡检维护视各充电站点的地理位置和使用频繁程度自行制定周期,建议以周/月为单位。

(二)充电桩日常维护项目

1. 充电枪

(1)不使用时,尽量避免枪头直接暴露在外面,应插回插座,防止损坏。

(2)拔枪时,注意枪柄卡扣位置,避免野蛮拖拽。

(3)保持枪头干燥,禁止积水存在。如有脏污,请用清洁的干布擦拭,严禁带电时用手触碰充电枪芯。

2. 充电缆线

检查充电线缆(图4-6)或充电枪头如有外壳破损、线缆裸露等问题存在,不要继续使用。检测线路时,必须关闭电源,用万用表的二极管档检测其防雷器、熔断器是否损坏。由于充电桩电缆线属于高压电缆线,因此在检查充电线缆时,应该注意以下几点:

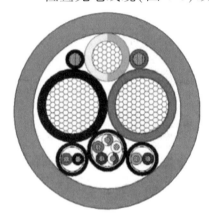

图4-6 充电缆线横截面

(1)定期检查电路绝缘性能。

一般情况下质量好的充电桩电缆拥有良好的绝缘效果,但是在长期的使用下充电桩电缆可能会出现磨损,因此为了保障充电桩电缆安全性应当定期检查充电桩电缆绝缘部分是否完整和绝缘效果是否优异,开关和插座等电缆电线绝对不能外漏,只有这样才能保证充电桩电缆的安全性和耐用性。

(2)远离水源和潮湿位置。

充电桩电缆具有一定的防水性,但是在过于潮湿地方还是会存在一定的安全隐患。因此在安装充电桩电缆时应当远离水源,避免充电桩电缆由于受潮引发的短路问题。并且在移动充电桩电缆时应当避免接触潮湿的地面和水源,这样才能保证充电桩电缆安全使用。

(3)避免超额负荷。

现如今国内专业的充电桩电缆拥有多个不同功率的插口,可以实现不同功率的电动汽车充电的要求。但是在日常使用和维护中要注意在一个充电桩上不可同时使用过大功率的充电器,避免过度负荷使充电桩电缆造成损坏。

充电桩电缆的日常使用和维护是保证安全和充电效率的基础,因此在使用时应当注意定期检查电路绝缘性、远离水源和潮湿地带及避免超额负荷这三点,只有在日常使用和维护中做到这三点,才能使充电桩电缆的使用寿命增加才能够更好地保证用电安全。

3. 桩体检测

(1) 检测桩体外壳是否生锈,漏水。

(2) 检测显示屏显示信息是否完整,是否会花屏。

(3) 检测指示灯是否能正常指示。

(4) 检测设备门锁是否有损坏,是否上锁。

(5) 检测急停开关是否有损坏。

4. 车载充电机维护

车载充电机是否正常工作,关乎充电桩系统是否能够对电动汽车进行正常的充电,因此,在维护充电桩的过程中,如有必要,需对电动汽车的车载充电机进行日常维护检查。具体维护流程如下:

(1) 检查。

对车载充电机进行一般的外观、位置和接线口牢固程度等检查,如图4-7所示。

a)

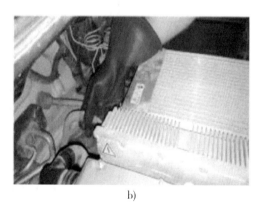
b)

图4-7 检查车载充电机

(2) 清洁。

在日常维护过程中,对于比较脏的车载充电机及其高压电缆线,应用干净的抹布及时清理,如图4-8所示。

(3) 润滑。

检查完车载充电机后,给予电动汽车快充口和慢充口一定的润滑,防止充电枪在充电过程中卡枪,如图4-9所示。

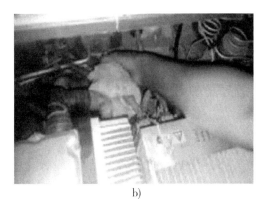

图 4-8 清洁车载充电机

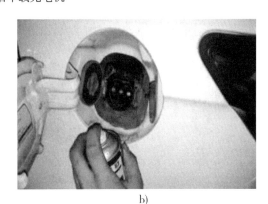

图 4-9 快、慢充口的润滑

(4)补给。

对于没有达到规定液面的冷却液要进行补给,如图 4-10 所示。

(5)调整。

根据以上检查情况,如出现车载充电机接线口位置不当、螺钉松动等情况,应进行适当的调整及紧固,如图 4-11 所示。

图 4-10　及时补给　　　　　图 4-11　调整车载充电机

5. 功能检测

(1) 充电功能。

与充电员或驾驶员沟通,是否存在充电不正常的现象。

(2) 后台连接。

联网的桩体是否连接上服务器。

6. 数据记录

(1) 电量记录。

建议一个月下载一次数据,作为后续运营数据分析。

(2) 故障记录。

针对发现的故障进行记录跟进。

(三) 日常维护注意事项

1. 注意事项

(1) 进行现场维护时一人维护操作,一人配合监督,严禁单人操作。

(2) 注意维护安全,更换充电桩内部配件需要断电操作,确保安全,以防触电。

(3) 严格执行检查日常维护保养充电桩表要求,并按要求填写,检查表详见附录3。具体检查参数可按照各充电桩厂家要求执行。如发现问题应及时处理,避免造成更大损失。

(4) 在断电维护时需要在对应断路器下方悬挂"有人工作,禁止合闸"标示牌,确保人身安全。

(5) 做好安全防护措施,维护时需要穿绝缘鞋,佩戴好绝缘手套、防护眼镜和安全帽等防护装备,注意安全,以防砸伤、电击。

2. 紧急按钮的使用

特别注意,使用充电桩时请按照正常流程充电,如有以下紧急情况时,请按紧急按钮(图4-12)。

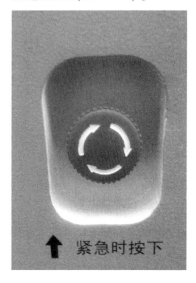

图4-12 紧急按钮

(1)如果机器发生漏电,请立即按下紧急按钮。

(2)如果发生起火、触电等异常状况,请立即按下紧急按钮。用ABC通用型灭火器或者二氧化碳灭火器灭火,严禁使用泡沫灭火器和水灭火。

(3)桩体发生故障,如无法停止充电,内部线路短路等异常状况,请立即按下紧急按钮。

(4)桩体按下紧急按钮,直接切断输入交流电,使桩体断电。

作为专业维护人员,当以上危急状况解除时,请旋转紧急按钮,打开桩体侧门,然后手动合上交流输入漏电保护开关(闭合漏电保护开关时需用力往下打到底部再往上闭合)重新上电。充电桩站点配电闸距充电桩不能太远,需要有专门的消防通道,消防设施(电力消防),并定期对消防设施检查,确保设施正常,做好安全演练以及应急预案。

3. 常见故障的排除

(1)枪插上去了,界面没有显示已连接或没有显示"开始充电"按钮。

请检查充电枪是否连接可靠,充电枪的卡扣是否卡紧,如图4-13所示的两个位置;检查充电枪连接后,车辆仪表是否有电(桩会给车辆提供电源)。如已连接可靠,可联系充电桩厂家查看是否硬件或软件通信问题。

(2)(刷卡)进入充电了,过了一会就停止充电了。

图4-13 充电枪卡扣检查

此处一般为电池BMS与桩的通信问题,故刷卡结束后,重新拔插测试充电。另请求自行记录,如出现反复,即应上报与充电桩厂家联系解决。

(3)锁卡。

①充电结束/停止后一定要记得刷卡。除非出现故障无法刷卡之后,都要进行刷卡结算,否则会锁卡。

②在充电中,不可直接断电,或停止充电后不可直接拔枪走人。锁卡后需要到指定办公点进行解锁操作。

4. 突发事件的应急处理

(1)充电站所属公司应设置应急组织,建立突发事件应急预案,包括火灾、车辆故障、电池破损燃烧爆炸、供电系统故障、人员触电、设备故障、停电和断网等。

(2)充电站内各紧急出口通道应保持畅通。发生灾害时,应能及时采取有效的处置措施,及时疏散人员,并报告有关部门。

(3)应急预案应满足统一指挥,分级负责;组织机构健全;人员和物资配备充足;通信畅通;行动迅速、准确等基本要求。应急预案的主要内容应包括:组织机构、人员、物资、事件等级、报告程序、事故处置方法、快速疏散方法、紧急救护措施、现场保护、清理和善后工作等。

(4)应急预案中涉及的应急设备应在指定场所存放,专人负责,定期检查应急预案所需物资的有效性(表4-3)。

北汽新能源汽车现场处置器材配备标准　　　　　表4-3

序号	器材名称	用　　途	规格	数量	存放地点
1	专用车罩	事故车残骸覆盖		2	服务站
2	水基灭火器	现场灭火	35kg	2	
3	服务车	现场施救、接送客户		1	
4	照相机	事故车辆及现场拍照取证		1	
5	大手电	现场勘查照明		2	
6	大扫把	清理现场		2	
7	人员	现场施救		3人以上	

(5)充电站所属公司应定期进行消防培训和应急演练,全体人员应掌握消防知识,熟知消防器材的位置、性能和使用方法。每半年应至少进行一次应急预案的全员培训和演练,针对演练中的问题,修改和完善应急预案。

(6)充电站每月组织一次安全检查。并应根据季节特点和重大节日对充电站进行专项检查。消防设施和监控器材应由专人定期进行维护与保养,灭火和监控系统应处于完好有效状态。

(7)突发事件的处置应按应急预案的要求进行。

单元小结

(1)阐述了交流充电桩日常巡检方法,并系统介绍了充电车位环境、充电桩整体状况、配电柜、功能、外观安全、电气及控制系统等充电桩日常巡检内容,给出了巡检记录表以做参考。

(2)介绍了充电桩日常维护要求,以及充电枪、充电缆线、桩体和车载充电机等维护项目;介绍了日常维护操作过程中所需注意事项。

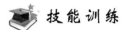 **技 能 训 练**

技能训练一:充电桩日常巡检及维护方案的制订

(一)技能要求

(1)熟练掌握充电桩日常巡检与维护的相关内容;

(2)能够准确地列出充电桩日常巡检内容和日常维护项目;

(3)能够通过小组合作的方式,分小组按要求制订充电桩日常巡检及维护方案。

(二)任务实施

在教师的指导下,根据提供的充电桩保养手册,分小组制订一份可行的充电桩日常巡检及维护方案(方案应包括充电桩日常巡检方法和内容、日常维护项目、巡检维护要求及相关注意事项等)。

(三)评价与反馈

本技能训练采用自评、互评及教师评价三种评价方式结合,反馈方案制订的可行性和有效性,其具体评价细则见表4-4。

充电桩日常巡检与维护方案制订任务评价表　　　表4-4

评价项目	主要评价内容	学生自评(等级)			
		A	B	C	D
关键能力评价	遵守纪律,遵守学习场所管理规定,服从安排				
	具有安全意识,责任意识,9S管理意识,注重节约、节能与环保				
	学习态度积极主动,能按时参加安排的实习活动				
	具有团队合作意识,注重沟通,能自主学习及相互协作				
	仪容仪表符合学习活动要求				
专业能力评价	能正确列出充电桩日常巡检的方法和相关内容				
	能正确写出充电桩日常维护操作要求,并列出对应的维护项目				
	能在方案中列出日常巡检及维护所需注意事项				
	根据提供的《充电桩日常保养手册》完成充电桩日常巡检及维护方案				

续上表

个人自评总结与建议(20%)			
小组评价(20%)	存在问题		
	解决方案		
教师评价(60%)		总评成绩	

技能训练二：充电桩日常巡检及维护实操

（一）技能要求

（1）掌握了充电桩系统的结构、工作原理和日常巡检维护等相关内容；

（2）能够根据充电桩行业安全操作规范和制定的方案，通过小组合作的方式，对充电桩开展日常巡检及维护工作；

（3）能够按照充电桩保养手册的要求，规范地填写充电桩巡检记录表和日常维护检查表；

（4）能够解决巡检和维护过程中充电桩设备出现的常规问题。

（二）任务实施

在教师的指导下，根据所学习的充电桩系统结构及工作原理、充电桩日常巡检和维护、充电桩保养手册和行业安全操作规范，4人一组，角色分工（检查员、记录员、安全员和汇报员），分小组实施对给定充电桩的日常巡检及维护工作。实操完成后，按照规范分别填写充电桩巡检记录表和日常维护检查表，并向教师汇报工作情况，最后由教师检查。

（三）评价与反馈

本技能训练由于涉及充电桩高压安全等巡检实操项目，对每小组角色分工和学生的个人职业素养及技能掌握情况要求较高，因此，采用教师评价的方式，由教师结合学生的知识掌握情况及实际操作能力评分，其具体评价细则如表4-5所示。

充电桩日常巡检及维护实操评分表　　　　表4-5

序号	考核项目	满分	考核内容	满分	考核标准	得分
1	出勤/纪律	5	出勤	2	缺勤、迟到、早退和请假不得分	
			行为纪律严谨、言语规范	3	违规一次不得分	

续上表

序号	考核项目	满分	考核内容	满分	考核标准	得分
2	安全/防护/准备工作	20	工作服着装规范	2	违规一次不得分	
			个人防护(佩戴安全帽、绝缘鞋、绝缘手套、防护眼镜等)	5	违规一次不得分	
			认真阅读《充电桩维护手册》,具备较好的安全生产及操作规范	5	违规一次不得分	
			巡检及维护工具清点并准备充分	5	漏掉一件扣1分	
			根据清单快速取出巡检和维护材料	3	漏掉一件扣1分	
3	知识水平	20	具备了较好的充电桩系统的结构、工作原理和日常巡检维护等相关知识	20	根据制订的方案成绩评分,酌情给分	
4	充电桩日常巡检及维护技能水平	35	掌握并合理运用充电桩的检查方法	2	未操作或操作不当不得分	
			正确对充电车位环境进行检查(清洁、照明、管道和消防等)	2	未操作或操作不当不得分	
			充电桩整体状况检查(固定情况、标志、布线等)	2	未操作或操作不当不得分	
			配电柜的检查(外部、内部检查)	2	未处理或处理不当不得分	
			充电桩功能检查(显示屏、刷卡器、充电模式等)	2	未处理或处理不当不得分	
			充电桩外观安全检查	2	未操作或操作不当不得分	
			电气及控制系统检查(缆线老化、枪头卡枪、对地绝缘性等)	5	未操作或操作不当不得分	
			充电枪的维护(清洁枪头,保持干燥)	2	操作不正确不得分	
			充电缆线的维护(老化更换、绝缘性测试、端子检查、螺栓牢固程度等)	6	操作不正确不得分,漏掉项目酌情扣1~6分	
			充电桩体维护(外形、桩门、紧固情况等)	2	操作不正确不得分,漏掉项目酌情扣1~6分	
			维护车载充电机(清洁、润滑、补给、调整)	5	操作不正确不得分,漏掉项目酌情扣1~5分	
			充电桩功能维护	2	操作不正确不得分,漏掉项目酌情扣1~5分	
			结束工作(整理工具等)	1	未做不得分	

续上表

序号	考核项目	满分	考核内容	满分	考核标准	得分
5	学习能力	10	规范填写充电桩巡检记录表、日常维护检查表	6	未做不得分,酌情扣1~6分	
			组内活动情况(合作交流)	3	酌情扣1~3分	
			资料查阅和收集	1	未做不得分	
6	任务汇报	10	汇报内容与工作任务相符,且过程完整	6	未做不得分,酌情扣1~6分	
			语言表达清楚,条理清晰	4	未做不得分,酌情扣1~4分	
7	总分	100				

思考与练习

(一)填空题

(1)在检查充电桩设备情况时,一般采用直接感觉诊断法来进行故障诊断,概括起来可分为:问、_____、_____、闻、摸、试。

(2)充电桩的日常巡检内容一般包括_____检查、充电桩整体状况检查、_____检查、充电桩功能检查、外观安全检查和_____检查等。

(3)进行充电桩日常维护作业时,应做到一人维护操作,一人配合监督,严禁_____操作。

(4)充电桩日常维护项目一般包括_____、_____、桩体检测、_____、功能检测和数据记录等方面。

(5)车载充电机进行日常维护检查的具体维护步骤为:_____、_____、_____、补给、_____。

(6)充电桩电缆的日常使用和维护是保证安全和充电效率的基础,因此在使用时应当注意_____、_____及_____三点。

(7)充电桩日常维护应特别注意维护安全,更换充电桩内部配件需要_____操作,确保安全,以防触电。

(8)在断电维护时需要在对应_____下方悬挂"有人工作,禁止合闸"类似标志,确保人身安全。

(9)在进行充电桩的维护作业时,应做好安全防护措施,维护时需要穿_____,佩戴好绝缘手套、_____和_____等防护装备,注意安全,以防砸伤、电击。

(10)如果发生起火、触电等异常状况,请立即按下紧急按钮。用_____灭火器或者_____灭火器灭火,严禁使用_____和_____灭火。

(二) 判断题

(1)检查充电车位环境时,应注意其清洁、照明、桥架接线、消防设施安全和保养记录状况等情况。( )

(2)漏电断路器的短路保护功能,正常工作条件下,当负载发生短路时,断路器瞬间分断以保护回路。( )

(3)在充电桩发生火灾时,应利用泡沫型灭火器进行及时灭火。( )

(4)对充电桩进行整体状况检查时,充电桩内接地端子只要保持良好接地性能,其有无明显的标志可不必理会。( )

(5)在完成充电桩日常巡检工作时,应及时记录工作情况,填写巡检记录表。( )

(6)对充电桩进行日常维护时,只要准备工具、物料耗材等准备充分,在确认安全的情况下,可不必佩戴防护设备。( )

(7)巡检维护视各充电站点的地理位置和使用频繁程度自行制定周期,建议以周/月为单位。( )

(8)充电桩发生火灾时,应首先用ABC型或者通用型灭火器进行灭火,再按下紧急按钮,从而切断电源。( )

(9)在充电桩日常巡检及维护作业过程中,必须做好安全防护措施,如穿戴好绝缘鞋、绝缘手套、防护眼镜和安全帽等,对是否穿好工作服没有要求。
( )

(10)充电站所属公司应设置应急组织,建立突发事件应急预案,包括火灾、车辆故障、电池破损燃烧爆炸、供电系统故障、人员触电、设备故障、停电和断网等。( )

(三) 简答题

(1)请简述充电桩日常巡检方法及具体内容。

（2）请简述充电桩日常维护作业项目及所需注意事项。

（3）根据所学内容，查找相关资料，简要制作一份充电桩发生火灾的应急预案。

附录1 新能源汽车交流充电桩快速安装流程

一、准备阶段——现场勘查

步骤1:记录确认用户的地址和联系方式等基本信息。
  □ 完成。
  □ 未完成,原因:_____。

步骤2:记录充电桩参数。
  ·输入电压:
  ·输入电流:
  ·防护等级:
  ·保护类别等参数:
  □ 完成。
  □ 未完成,原因:_____。

步骤3:勘察并记录已有配电情况。
  ·记录充电桩上游断路器参数。
  ·记录充电桩上游漏电保护器参数。
  ·记录充电桩上游浪涌保护器参数。
  ·记录充电桩上游电缆线径。
  □ 完成。
  □ 未完成,原因:_____。

步骤4:勘察并记录已有走线情况
  ·记录拟安装位置附近是否已有走线槽,桥架。
  ·记录拟走线位置附近是否有其他管道,如蒸汽管,热水管等。
  □ 完成。
  □ 未完成,原因:_____。

步骤5:勘察并记录计划安装地点的环境情况

- 记录安装位置是否存在高温,潮湿,多尘的现象。

□ 完成。

□ 未完成,原因:＿＿＿＿＿＿＿＿＿＿＿＿＿＿＿＿＿＿＿＿＿＿＿。

二、准备阶段——制订方案

步骤1:确定新安装断路器的电气参数。

- 依据充电桩的电气参数,推荐使用 C 型断路器(附图 1-1),或以充电桩制造商要求为准,且充电回路专用。

□ 完成。

□ 未完成,原因:＿＿＿＿＿＿＿＿＿＿＿＿＿＿＿＿＿＿＿＿＿＿＿。

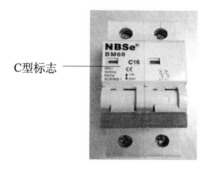

附图 1-1　C 型断路器

步骤2:确定新安装漏电保护器的电气参数。

- 采用 A 型漏电保护器(附图 1-2)或以充电桩制造商的要求为准并专用于充电桩,且其上端不能再有漏电保护装置。

□ 完成。

□ 未完成,原因:＿＿＿＿＿＿＿＿＿＿＿＿＿＿＿＿＿＿＿＿＿＿＿。

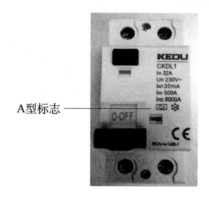

附图 1-2　A 型漏电保护器

步骤3:估算外部导线的敷设长度并根据导线长度确定导线截面积。
- 导线长度导致的电压降不宜超过5%。
- 根据附带的Excel计算表进行计算确定导线的截面积。

☐ 完成。

☐ 未完成,原因:＿＿＿＿＿＿＿＿＿＿＿＿＿＿＿＿＿＿＿＿＿＿。

步骤4:浪涌保护器的安装(选装)。
- 根据充电桩制造商要求安装。一般多采用Type Ⅱ。

☐ 完成。

☐ 未完成,原因:＿＿＿＿＿＿＿＿＿＿＿＿＿＿＿＿＿＿＿＿＿＿。

步骤5:确定走线槽材料和配电箱的防护等级。
- 金属管配线:适用于导线易受机械损伤、易发生火灾及易爆炸的环境。
- 塑料管配线:适用于潮湿或有腐蚀性的环境,但易受机械损伤的场所不宜采用塑料管明敷。
- 线槽配线:适用于干燥和不宜受机械损伤的环境,但对有严重腐蚀的场所不宜采用金属线槽配线;对高温、易受机械损伤的场所不宜采用塑料线槽配线。

☐ 完成。

☐ 未完成,原因:＿＿＿＿＿＿＿＿＿＿＿＿＿＿＿＿＿＿＿＿＿＿。

步骤6:准备端子排,线标,电能表,内部导线,警告标识(附图1-3)。

附图1-3 警告标识

☐ 完成。

☐ 未完成,原因:＿＿＿＿＿＿＿＿＿＿＿＿＿＿＿＿＿＿＿＿＿＿

＿＿＿＿＿＿＿＿＿＿＿＿＿＿＿＿＿＿＿＿＿＿＿＿＿＿＿＿＿＿＿。

步骤7:绘制电气接线图。

单相充电桩典型电气接线参考图(附图1-4)。

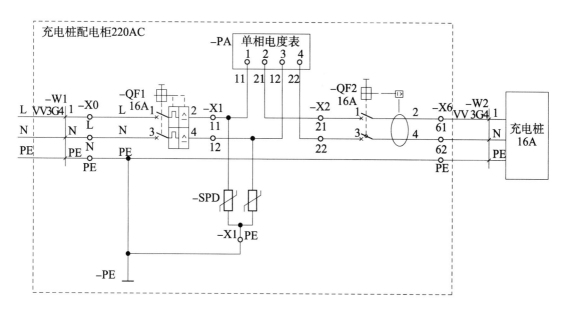

附图1-4 接线参考图

□ 完成。

□ 未完成,原因:_____。

步骤8:完成现场勘察表及备料清单。

· 《现场勘查记录单》。

· 《备料清单及现场记录表》。

安装服务商可根据附带的表格或汽车企业特殊要求填写信息并签字。

□ 完成。

□ 未完成,原因:_____。

三、准备阶段——准备材料

步骤:根据制订方案,准备材料和零部件。

· 材料和零部件的实物应对照方案表制订的《备料清单及现场记录表》进行核对并记录。

□ 完成。

□ 未完成,原因:_____。

四、施工阶段——外部电气布线和固定

步骤1:固定走线槽。
  ·保持和其他管道规定的距离。
  ·保持金属接线槽的接地连续性。
  ·防止锐边锐角外露造成导线的伤害或人体伤害。
  □ 完成。
   □ 未完成,原因:_____。

步骤2:固定外部导线。
  ·防止导线过度弯曲(附图1-5)。

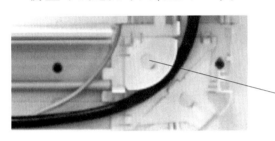

附图1-5　防过度弯曲

  ·外部线槽连接处的密封和防护(附图1-6)。

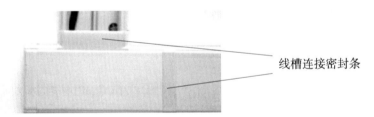

附图1-6　密封和防护

  ·走线时必要的固定(附图1-7)。

附图1-7　走线固定

  □ 完成。
   □ 未完成,原因:_____。

五、施工阶段——内部电气布线和固定

步骤1：设计电气零部件在配电柜内的整体布局。

- 根据电气连接图,确定电气零部件安装在配电柜内的具体位置。

☐ 完成。

☐ 未完成,原因：_____。

步骤2：依据外部导线线径和内部接线总体布局确定进线孔和出线孔的位置和尺寸并开孔。

- 开孔直径应和配备的密封螺栓直径相匹配,保证装配后的密封性（附图1-8）。

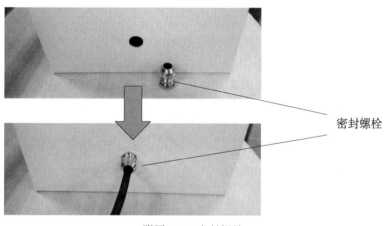

附图1-8　密封螺栓

☐ 完成。

☐ 未完成,原因：_____。

步骤3：在安装底板上安装走线槽和安装导轨。

- 走线槽和导轨的固定安装必须牢固,不能影响最终的元器件的接线（附图1-9）。

附图1-9　线槽和导轨固定

步骤4：在元器件，接线端子和安装底板上贴上相应代码标识（附图1-10）。
- 注意安装底板上的标识和元器件上的标识一一对应，以方便最终的接线。

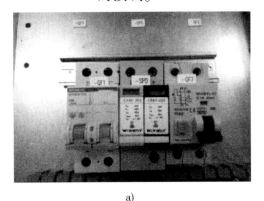
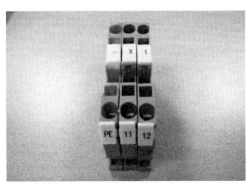

a)   b)

附图1-10 贴上相应的代码标识

步骤5：在安装导轨上固定安装元器件和接线端子。
- 注意安装紧固，建议在导轨两端安装保护套（附图1-11）。

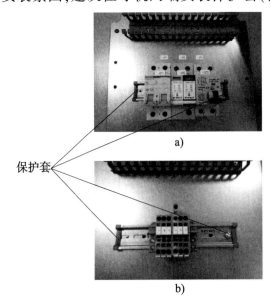

保护套

a)

b)

附图1-11 安装保护套

☐ 完成。

☐ 未完成，原因：_____。

步骤6：给内部导线标上线标（附图1-12）。
- 内部导线需要按照电气连接图的标识套上相应的线标，以便连接到相应的接线端子。

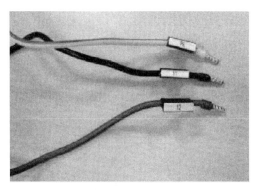

附图1-12　线标

☐ 完成。

☐ 未完成,原因:_____。

步骤7:连线固定(附图1-13)。

- 保证导线与元器件、接线端子紧固连接,端子螺钉的扭矩至少保证1.2N·m。

☐ 完成。

☐ 未完成,原因:_____。

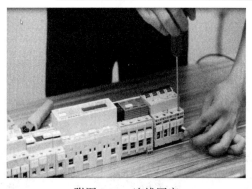

附图1-13　连线固定

步骤8:接地连接(附图1-14)。

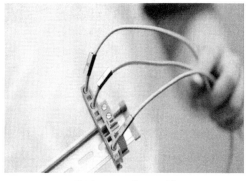

附图1-14　接地连接

- 严格遵守一线一端子的连接规则。
- 使用防松弹簧垫圈和齿形垫圈(附图 1-15)。

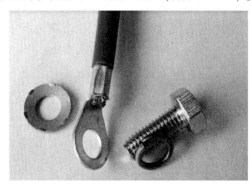

附图 1-15　垫圈

- 每个接地保护导线的连接点都应有标记或标签(附图 1-16)。

附图 1-16　标记

□ 完成。
□ 未完成,原因:_____。

步骤 9:固定安装底板(附图 1-17)。

- 将连线完成的安装底板放入配电柜内,并固定。

附图 1-17　安装底板

□ 完成。
□ 未完成,原因:_____。

步骤 10:安装密封螺栓。

- 内外部连线时,安装密封螺栓,以满足 IP 等级的要求。
- 户内 至少达到 IP32。
- 户外 至少达到 IP54。

□ 完成。

□ 未完成,原因:_____。

步骤 11:贴上警示标志。

- 内部布线完成后,在必要的位置贴上警示标志(附图 1-18)。

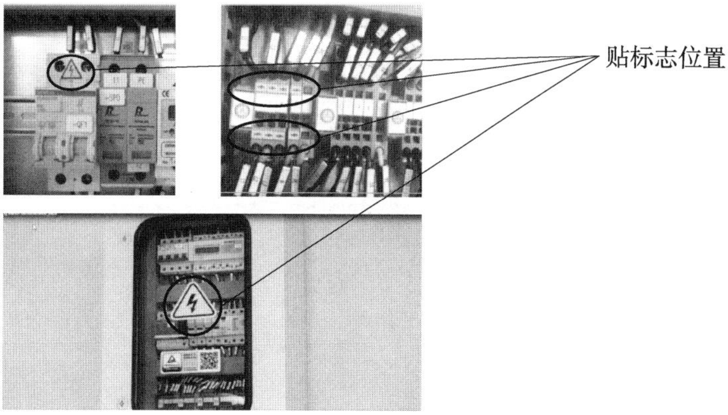

附图 1-18　贴上警示标志

□ 完成。

□ 未完成,原因:_____。

六、施工阶段——配电柜和充电桩的固定

步骤 1:固定配电柜和充电桩。

- 固定位置可以防止汽车剐蹭,建议高度据地面 1.2m 左右,挂钩 0.4~1.5m,或按充电桩制造商要求(附图 1-19)。

□ 完成。

□ 未完成,原因:_____。

步骤 2:施工资料记录并归档,比如安装日志,实际使用的材料和成本以及安装服务公司内部使用的相关记录文档。

□ 完成。

□ 未完成,原因:_____。

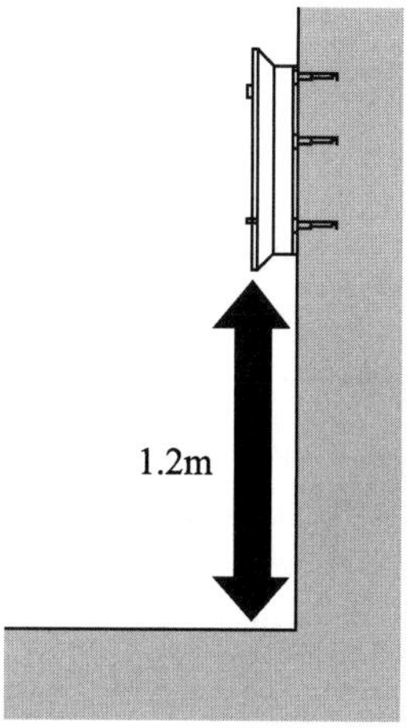

附图 1-19　安装位置

七、验收阶段——安装检验(仪器)

步骤 1:绝缘强度和接地连续性测试(附图 1-20)。

- 要求接地连续性电阻<0.1Ω。
- 绝缘电阻>1MΩ。

□ 完成。

□ 未完成,原因:_____。

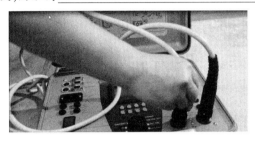

附图1-20 绝缘强度测试

步骤2:防电击测试(附图1-21)。

- 触指不能碰到带电体。

□ 完成。

□ 未完成,原因:_____。

附图1-21 防电击测试

附:安装检验测量仪器参考工具(附表1-1)。

安 装 检 测 工 具　　　　　　附表1-1

名　称	用　途	工　具　图　示
低压测电笔	识别带电体	
万用表	测量电压/电流/电阻等	

续上表

名　　称	用　　途	工　具　图　示
钳形表	测量电流	
安全测试仪	测量电器安全性能	
电气安装测试仪	电气安装安全性能	

八、验收阶段——安装检验(目测)

步骤：按照附带的《充电终端设备安装调试验收单》的要求逐项检查并签名和填写日期。
　　□ 完成。
　　□ 未完成，原因：_____。

九、验收阶段——功能检验

步骤：充电功能检测，建议配备电动汽车或模拟器。按照车企的要求做功能检查并完成安装交付手续，需填写《充电设备安装交接单》。
　　□ 完成。
　　□ 未完成，原因：_____。

附录2 充电桩巡检记录表(附表2-1)

充电桩巡检记录表　　　　　　　　附表2-1

站点名称：		检查日期：		检查人：
序号	检查内容	检查情况	发现问题	处理情况及遗留问题
1	充电桩指示灯功能是否正常	□是　□否		
2	计量计费功能是否正常、精准	□是　□否		
3	充电桩各种历史告警数据、故障数据是否存在异常	□是　□否		
4	充电桩各存储数据、后台管理软件的各种管理功能是否正常	□是　□否		
5	充电桩防雨棚是否完好	□是　□否		
6	充电桩管线是否规范	□是　□否		
7	交流引入线缆是否有老化或存在隐患	□是　□否		
8	充电桩巡检维护记录是否齐全并按时填写	□是　□否		
9	充电桩灭火器配置是否到位并正常	□是　□否		
10	充电桩外观、配电柜、充电线、显示屏是否有正常	□是　□否		
11	充电桩周围是否存在裂缝漏水现象	□是　□否		
12	充电桩外观、配电柜、充电线否有刑安全警示牌	□是　□否		
13	充电桩防雷器是否正常完好	□是　□否		

续上表

站点名称：		检查日期：		检查人：
序号	检查内容	检查情况	发现问题	处理情况及遗留问题
14	充电桩接地扁钢有无锈蚀、接头有无松动	□是 □否		
15	充电桩周围是否清洁、是否有杂物或易燃物品	□是 □否		
16	充电桩周围照明是否正常	□是 □否		
17	充电桩监控系统是否正常	□是 □否		
18	充电桩主体设备、充电设备是否运行正常	□是 □否		
19	充电桩是否漏电、发热、外壳是否变形、接头是否松动、锈蚀	□是 □否		
20	充电桩标签是否规范、完整、走线是否凌乱	□是 □否		
21	充电桩天线设施是否正常	□是 □否		
22	充电桩接地是否可靠，接地连续性阻值是否小于0.1Ω	□是 □否		
23	充电桩实时温度检查	当前温度：____℃		
24	充电桩电表运行检查	当前度数：____度		
25	充电桩开关电源检查	当前市电电压：____V		
		当前浮充电压：____V		
		当前均充电压：____V		
		当前输出电流：____A		
		电池容量设置：____Ah		

附录3 充电桩日常维护检查表(附表3-1)

充电桩日常维护检查表　　　　　　　　　　附表3-1

检查内容		技术要求(参考)	检查结果
桩体结构检查	桩体外形尺寸（mm）	高度尺寸:1440±6	
		深度尺寸:190±2.5	
		宽度尺寸:330°$_{-1.6}$(-1.6~0)	
	桩体颜色	与图纸清单要求一致	
	桩体表面	无划痕,掉漆,生锈,表面清洁	
	桩门	门应开闭灵活,开启角不小于90°	
	门与桩体之间的接地线	多股软铜线或裸编织铜线可靠连接	
	结构件的紧固	紧固应该牢固,可靠,具有防松措施(加弹簧垫片)	
元器件的检查	元器件检查	与材料清单对应,安装整齐,间距均匀,无缝隙,整体协调,方便拆装,便于检查巡检	
	端子的检查	排列应整齐,层次分明,无损坏,固定牢固	
		标有序号和编号	
		端子的容量,应符合设计要求	
	元器件操作试验	电动操作大于5次,动作正确,自如可靠	
	电气间隙与爬电距离（mm）	电气间隙≥5,爬电距离≥6	
导线连接可靠性的检查	导线与所接元器件是否连接牢固	用手晃动,不得松动脱落;压线螺栓的弹簧垫片压平	
	端子是否压接牢固	用手拽动,晃动,不得松动脱落	
	导线	电器元件之间的连接导线中间不应有接头	
		导线不应有碰伤,破坏绝缘皮的现象	
标示	装柜名称标示	产品型号及装柜名称与图纸设计相符	
	交流相位标示	位置正确无遗漏	

续上表

检查内容		技术要求(参考)	检查结果
标示	连接导线线号标示	导线两端应标明正确的回路编号(包括通信线)	
	其他元件标示	位置正确无遗漏	
	铭牌	铭牌安装完好,内容正确	
导线测量		桩体上的所有电源线都必须量测,供给电源与装置所需电源一致,且正负要正确	
		通信线的接线正确,特别是高低不能接反	
绝缘电阻测量和绝缘检查	绝缘电阻测量	交流进线 L 相进线端子对地,测量值(≥10MΩ,500V)	
		交流进线 N 相进线端子对地,测量值(≥10MΩ,500V)	
	电气间隙(mm)	≥5	
	爬电距离(mm)	≥6	
配电检查	交流输入	测量交流输入是否达到220V(±5%)	
	依次合上各输出配电开关,测量输出端子电压	各开关对应的端子输出电压一致且相应的指示灯有指示	
	导引电压	电压值正确,正负极性正确	
	充电枪电磁锁电压	电压值正确,正负极性正确	

注:在绝缘电阻测量时,要求各开关在合闸位置,拔出避雷器 PE,充电机模块上的输入输出端子拔掉。

参 考 文 献

[1] 王思童.解决好充电桩这"桩"事 为电动汽车发展打牢根基[J].电器工业,2015,12:55-57.
[2] 李良,郭艺.充电桩建设面临的突出问题及亟待落实的政策[J].中国能源,2016,01:36-39.
[3] 王艳华,缪金.充电桩发展现状及问题对策研究[J].中国市场,2016,41:45-51.